創られた「人種」

部落差別と人種主義《レイシズム》

黒川みどり
Kurokawa Midori

有志舎

創られた「人種」——部落差別と人種主義《レイシズム》——《目　次》

はじめに　1

第三章 「人種」から「民族」へ 115

【凡例】

1 本文中の参考文献出典は、〔著作者姓　刊行年〕で略記し、詳細情報は「参考文献」に示した。

2 本文中の史料出典は、（　）内に表記した。

はじめに

本書は、部落差別問題を、人種主義という視点から捉えることを試みる。

本書が人種主義を軸に据える理由は、部落問題が「人種」のアナロジーとして語られてきたという事実があるからである。この観点は、前著等〔黒川一九九九〕〔黒川二〇〇四a〕〔黒川二〇〇五〕でも述べてきたことであるが、本書では、「人種」という語りの成立から消滅／その後までを、正面に据えて論じる。

近代における部落問題は、近世の身分制度に由来するものであることには相違ない。その意味では封建遺制といえるが、一八七一年の「解放令」からすでに一四〇年以上が経過したにもかかわらず、現存している部落問題を、たんに封建的遺物の残存というだけで説明するのは説得力を欠くといわざるをえない。そのかんに被差別部落をとりまく社会の状況は大きく変化を遂げたにもかかわらず、封建遺制であるところの部落問題が存在しつづけてきたのは、部落差別を存在させる要因がそれぞれの時代に創られ、創りかえられてきたからである。そのなかでも、「人種」という語りこそが、様態を変えつつも脈々と今日にいたるまで部落問題を支え続けてきたものである。「人種」の語りは、まぎれもなく近代になって成立したものであり、したがって部落問題はたんなる封建遺制ではなく、日本の近代社会が存続させてきたのである。それゆえ部落問題を内包してきたそのような近代のありようを問わねばならないとするのが、本書の立場である。

部落問題が最も執拗に現れるのが結婚であるが、二〇一三年に東京都が行った「人権に関する世論調査」では、「かりに、あなたのお子さんが結婚しようとする相手が、同和地区出身者であることがわかった場合、あなたはどうしますか」という設問に対して、「子供の意志を尊重する。親が口出しすべきことではない」と言い切れたのは四六・五%であり、それ以外の半数強の人びとは、「わからない」(二七・〇%)も含めてそうは断言しきれないこだわりを持っているのである。一方、「かりに、あなたが同和地区の人と結婚しようとしたとき、親や親戚から強い反対を受けたら、あなたはどうしますか」という設問については、「自分の意志を貫いて結婚する」が二六・一%、「親の説得に全力を傾けたのちに、自分の意志を貫いて結婚する」が三〇・四%で、結婚の意志を貫くとしたのはこの二つを合わせた五六・五%という半分強の数字にとどまっている。

しかも、そのいずれも一九九九年の調査と比べて、自分の意志を貫くという回答の割合が低下している。子供の結婚についての前者の設問では、七・四ポイント下がっており、後者では、最終的に自分の意志を貫くとした回答の割合が二一・七ポイントも減少していて、楽観を許すような状況にはないことが見てとれる。本論で述べるように、近年、「同和教育」は「人権教育」へと様変わりし、部落問題が取りあげられる機会が減少していることも、そうした後退の一要因になっているのではなかろうか。

これまでにも述べてきたことだが、このような執拗な結婚差別の背後には、一族の血がけがれる、血筋・家柄がちがう、といった〝生得的な〟差異を見出そうとする意識が横たわっている。

自治体が行う部落問題に関する意識調査の近年までのものは、被差別部落の起源についての認識を問うており、それによれば、ほぼ一〇%から二〇%弱の人が「人種・民族が違う人たちが集まってできた」という選択肢を選んでいた。もう一つ留意せねばならないのは、それを選んだ人たちが、「生活の貧しかった人たちが集まってできた」「ある職業（仕事）が違う人たちが集まってできた」といった選択肢を選んだ人びとの意識とどれほどの距離があるかという点である。それらも、被差別部落の人びとが長年固定的な集団をつくってきたと見なすのであれば、「民族が違う」という認識との間を截然と分かつことはさほどの意味をもたないのではないか。そうであるならば、問題はさらに深刻である。

そもそも、通俗的理解では生物学的差異を伴う分類であることが自明とされがちな「人種」をめぐって、近年では、それを生物学的な差異を伴うものとみるか、それとも社会的構築物とみるかで重大な論争が展開されてきた〔竹沢二〇〇五〕。たとえばアフリカ系アメリカ人のアスリートの活躍ぶりについても、「人種」の特性によるものなのか、それとも環境要因なのかをめぐって、重要な論点が提起されている〔ホバマン二〇〇七〕。

部落問題についても、「人種」のアナロジーとしての語りのなかで、同様の問題を孕んできた。被差別部落が問題とみなされる原因を、「人種」で説明する語りが存在する一方、当初から、「開化」―「文明化」の度合いを物差しとする説明がなされてきた。この二つの要素は、相互に補完し合い、そのなかで後者が前者を吸収しながら、国民化の語りのなかで人種主義を形成し、部落問題を支えてきた。

一般に人種主義は、「race（人種）」という言葉から派生したものであり、したがって①人種論（起源論）に立脚し、生物学的特徴を見出すもの、②容貌・性情などを徴表にして成立しているもの、あるいは①の人種論と結びつけながらそれを説くもの、③遺伝論と乖離させて、文化、暮らし方に差異を見いだすもの、すなわち文化的特徴を見出すもので新人種主義《ネオレイシズム》とも称される、の三つに大まかに分類できよう。しかし、ここで仮に三つに腑分けしたそれらを明確に区分することにはおよそ意味がなく、遺伝的要素と環境的要因、すなわち本論で述べる近代日本の部落問題をめぐる言説では「遺伝」と「習養」と称されてきたそれが、相克し合い補完し合いながら、特定集団を差別し排除する徴表をつくり出してきたのである。

このように考えるとき、部落問題もまた、人種主義の土俵に置いて考察されてしかるべきであろう。人種主義と関連づけてとらえるべきであるとの認識は、国連の人種差別撤廃条約に部落問題を入れるか否かの議論によっても促された。

二〇〇一年八月三一日から九月八日にかけて南アフリカ共和国のダーバンで行われた国連主催「人種主義、人種差別、外国人排斥および関連のある不寛容に反対する世界会議」（ダーバン会議）では、部落問題と「人種」の間を橋渡しするものとして、条約中にある「門地（世系《せいけい》）」（descent）という文言が焦点となり、それに日本の部落問題や、インドやネパールのカースト差別の問題が含まれるか否かが争点の一つとなった〔ダーバン二〇〇二〕。一九九五年の条約加入の段階から日本政府は、同条約の対象に、被差別部落出身者に対する差別は含まれないとの見解をとってきた。これに対して、国連・人種差別撤廃委員会は、二〇〇二年八月二一日、「“descent”（世系・門地）は、カースト及びそれに類似する地位の世襲制度等の社会階層に基づく集団の構成員に対する差別を含むこと」を明確に認めるとともに、この条約締約国がとるべき具体的措置を勧告した〔友永二〇〇一〕〔黒川二〇〇五〕。

さらにその際の特別報告者であったセネガルのドゥドゥ・ディエンは、二〇〇五年、日本を訪れて調査を行い、二〇〇六年に国連人権理事会に特別報告書を提出しており、そこで、「日本には人種差別と外国人嫌悪が存在し、それが三種類の被差別集団に影響を及ぼしているとの結論に達した。その被差別集団とは、部落の人びと、アイヌ民族および沖縄の人びとのようなナショナル・マイノリティ、朝鮮半島出身者・中国人を含む旧日本植民地出身者およびその子孫、ならびにその他のアジア諸国および世界各地からやってきた外国人・移住者である」と述べている（「人種主義、人種差別、外国人嫌悪およびあらゆる形態の差別　ドゥドゥ・ディエン現代的形態の人種主義、人種差別、外国人嫌悪および関連する不寛容に関する特別報告者の報告書」反差別国際運動日本委員会（IMADR-JC）訳・平野裕二監訳（二〇〇六年五月一二日現在）http://imadr.net/wordpress/wp-content/uploads/2012/10/D4-4.pdf）。

ここに明らかなように、国連人権理事会をはじめとする世界的な人種主義をめぐる議論では、当然のごとく日本の部落問題はそのなかで論じられている。しかし、これに対する日本の大手メディアなどは否定的な報じ方をしたものが多く〔モーリス＝スズキ二〇一二〕、日本社会では部落問題を人種主義としてとらえることに対する抵抗が大きいことの一端を物語っており、それは、被差別当事者も含めて日本社会の構成員の多くが、部落問題は「同じ日本人」であるにもかかわらず差別されてきたものであると見なしてきたからであり、また、そうであるにもかかわらず、すでに述べたように実際に「人種（民族）がちがう」という語りによって差別されてきた負の歴史があるため、いっそう人種の問題と切り離そうとするベクトルが強くはたらく。

そもそも人種主義のなかで部落問題をとらえることと、「人種（民族）がちがう」と見なすことは次元を異にしており、本書で述べるように一九一〇年代末に歴史学の立場から喜田貞吉が人種起源説を否定したとおり、「人種（民族）がちがう」という認識が誤りであることはいうまでもないが、そのことは、「人種（民族）がちがう」ことが不名誉なことであり、「人種（民族）」を異にしていれば差別されてもやむなしとするわけでは断じてないことを念のため付け加えておく。もとより「国民」「日本人」も、「なろうとする者たちの空想された集団」（傍点――引用者）であり、「権限としての平等」が「能力や習慣の共有」「運命共同体への帰属」と混同されてとらえられるとき、「民族」や「人種」に簡単に地滑りを起こすものであり〔酒井二〇一二〕、現実に部落問題をめぐる語りのなかでは、「日本人」や「日本国民」は「国籍」という法の絆としてではなく、そのような意味合いで機能してきたのである。

「門閥制度は親の敵でござる」は、福沢諭吉が『福翁自伝』に記した有名な言葉であるが、「門閥」すなわち「身分」という生得的な境界が「解放令」によって取り払われてのち、その「身分」に代替する〝生まれながら〟のものが「人種」であった。本書は、「人種」という語りが成立し、その後も変容を遂げながらも維持されてきた「人種」のアナロジーとしての語りを追いながら、それによって、いかように部落差別が存続してきたのかを、近代の成立期から現在までの時期について明らかにするものである。

本論の四つの章は、時代区分によって構成されている。

第一章は、「解放令」から日露戦争期までの国民国家の成立過程のなかで、被差別部落の人びとは「種族」「人種」を異にするという認識がどのようにできあがっていったのかを明らかにする。

第二章は、その「人種」という語りが、日露戦後に展開された部落改善政策を経て社会に浸透した結果、あたかも被差別部落という「人種」が存在するかのごとき語りがなされた時代に相当しており、その語りをめぐる相克を追う。

第三章は、第一次世界大戦後、「人種平等」というたてまえが世界的にも認知されていき、また帝国の内部に植民地やマイノリティの人びとを包摂する必要が生じるなかで、「人種」に代わる「民族」という融通無碍な概念を用いての「語り」が行われるようになり、それが、紆余曲折を経ながら「国民一体」に帰着させられていくまでを論じる。

第四章は、戦後に持ち越された人種主義は、「人種」という語りが不可視化されたのちにも存在しつづけてきたのであり、その人種主義のありようを追究する。とりわけ一九七〇年代以後の〝人権の時代〟については、一貫して被差別部落と向きあってきた作家中上健次を対象に据えることによって論じる。なぜならば、中上は、「市民社会」に潜む〝陰〟を最も深く鋭く抉り出していると考えるからである。

第一章

「人種」という語りの成立

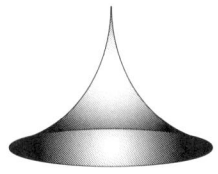

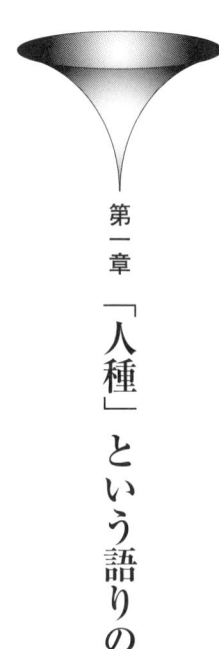

1　「種姓」観念と「天理人道」

「種姓」観念・「穢れ」観の継承と断絶――「解放令」前後

維新の幕開けを告げる五箇条の誓文が出されてから三年後の一八七一年、明治政府は、「穢多非人《えたひにん》等ノ称被廃《はいされ》候《そうろう》条《じょう》自今《いまより》身分職業共《とも》平民同様タルヘキ事」とうたった太政官布告により、穢多・非人等の賤民身分の廃止を宣言した。いわゆる「解放令」（賤民廃止令、賤称廃止令とも呼ぶ）である。

「解放令」以前は、穢多は斃《へい》牛馬の処理に従事して皮革・履物などの生産を担い、また農業を行う場合もあった。役負担は、皮革の上納や、行刑・牢番などであった。非人は、吉凶勧進や雑芸などの物《もの》貰《もらい》渡世《とせい》に従事し、行刑役・番人・掃除などの御用を務めた。近世の賤民には、穢多・非人のほかに、乞胸《ごうむね》（主に江戸）、藤内《とうない》（加賀藩）・夙《しゅく》（近畿地方）・茶筅《ちゃせん》（中国地方）などがあった。

「解放令」は、明治政府が行った封建的身分制度を廃する四民平等の一環として出されたものであり、新たに出発した近代国家のすべての構成員をたてまえ上同じ「国民」にすることで、国民国家を形成していくためのエネルギーを調達することを意図していた。賤民身分に対してもその点での明治政府の姿勢は一貫しており、したがって、今日しばしば誤解をもって受けとめられている、「解放令」後に新たに「新平民」などの正式な呼称がつくられたとする認識は誤りである。しかしながら、「解放令」後も民衆による差別は持続しており、*民衆は、旧賤民を差別するためにはそれを識別するための呼称を必要とした。その結果、「旧穢多」「元穢多」「新平民」といった、旧身分をもとにした呼称が銘々につくり出され、そのなかでもとくに「新平民」が定着していったのである。

＊煮売屋や風呂屋などさまざまな局面で、民衆は被差別部落の人びとと、場をともにすることを忌避した。一八七二年の学制発布以後、村々に学校がつくられていったが、とりわけ学校における被差別部落民衆に対する排除は甚だしかった。この点に関わって、「旧城下町などでは士族と平民が一緒に学ぶのを避ける傾向があり、四民平等の場であるはずの学校でも、身分や階層による差別意識は根強かった」という牧原憲夫の指摘があり〔牧原二〇〇六〕、被差別部落民に対する排除が露骨であったことも、そのような状況に鑑みて首肯しうる。なお、当該時期の排除の実態については、〔黒川一九九九〕を参照。

民衆は、「世替わり」が実現して為政者が「将軍様」から「天子様」に替わっても、自分たちの生活はいっこうによくならないことを実感していたが、そのなかで被差別部落の人びとのみが、「解放令」によって地位を上昇させていること、そしてやがては経済力をつけて自分たちと同列になりかねないことに危機感を募らせていた。それゆえ彼らは、「解放令」の取り消しを望み——新政反対一揆のスローガンのなかに、しばしば「解放令」の撤回が掲げられていた――、それが実現しなくとも、民衆は、事実上、「解放令」発布以前の状態を維持しようと、旧賤民身分の人びとに対する差別と排除を続けた。

そのような民衆の言動の背景には、近世から引き継がれてきた種姓観念によって、穢多を穢《けが》れた存在とみなす意識が存在していた。非人身分、とくにそのなかでも、近世の地域社会のなかで警察的な機能を担っていた番非人・非人番などは、近代的警察制度の成立に伴い、その機能から排除されて仕事を失い、多くは解体に向かったとみられる。それに対して、穢多は数の上でも非人よりはるかに多く、「解放令」後も、身分制の解体に伴う職業選択の自由により、自由競争に晒《さら》されながらもかねてから従事してきた仕事の技術を活かし、従来からの集落にとどまって斃牛馬の処理や皮革業・草履作り・農業などを引き続き行う者が大半であった。近代の被差別部落は、そうした近世の穢多身分の系譜を引くものが大きな割合を占めており、*「解放令」以後今日に及ぶ部落差別問題は、おおむねそれらに対するものである。

＊近代の被差別部落がすべて穢多身分の系譜を引くわけではなく、非人集落が核になっているところや、また加賀藩に置かれた藤内や中国地方に存在した茶筅などの系譜をひく被差別部落もある。

「解放令」発布後なお、被差別部落の人びとの差別を継続させた要因の一つが穢れ観であることは、

「解放令」を村々に伝達するために各府県が出した触書などからも見てとれる。たとえば度会県《わたらい》（現三重県）のように、「勢州《せいしゅう》穢多村の輩《ともがら》、今度平民同様の御布告ありしに付、一日改りて垢離《こり》を取《とり》、従前の罪を祓《はら》ひ、大神宮の前に参拝し、天恩の洪大なるを拝謝し」というような条件をつけている場合が少なくなかったのである〔原田一〕。それは一面で、それほどに穢多に対する穢れ観が浸透していたことの証左である。しかしそのことは翻ってみれば、それすらも、竈《かまど》の火を神聖なものにあらため、川で身を清め、神社に参拝することで払拭が可能との前提に立っていたことを意味する。すなわち、穢れ観が継承されたという事とともに、それがもはや、ゆるがぬものとしては機能しえなくなっていたことも確認しておく必要があろう。

穢れ観に加えて、被差別部落に対する排除と差別を支えていたのが、穢多の祖先は朝鮮からの渡来人であるとする異人種起源説の一定の広がりであった*。

＊藤谷俊雄『部落問題の歴史的研究』（一九八〇年、部落問題研究所）、寺木伸明『被差別部落起源論序説――近世政治起源説の再生――』（一九九〇年、明石書店）、沖浦和光「解説――水平＝人の世に光あれ」（沖浦編〈思想の海へ一八〉『水平＝人の世に光あれ』一九九一年、社会評論社）、上杉聰「近世――近代部落史の連続面について――部落の「異民族起源説」と用語「特殊部落」発生の再検討――」を参照。そのうち上杉論文は、拙著〔黒川二〇〇四〕への批判をも意図しており、それについては次のように考えている。

まず第一に、上杉は、被差別部落異民族起源説の発生について、遅くとも一四〇〇年代から、燕の太子・丹が「エンタ」（エタ）になったとする説が登場していたといい、近世においても、異民族起源説主張者は、国学者のみならず僧侶・儒学者が多く、裾野は市井の文人にまで広がりをもっていたことを指摘しており、上杉論文の指摘に学びたい。

第二に、そのようにして登場した異民族起源説は中世から近代まで大枠において一貫しており、とりわけ近代はそれが崩壊に向かうとして、このように述べる。「また、賤民廃止令の直後には、かつて異民族であってもこれからは差別せず、平民であることを強調する考え方（たとえば年表の一八七三年）が発生するとともに、賤民制度の解体以降、不断に部落を「国民」とする意識が醸成されていった。こうして異民族起源説は、近代に入ると長期的にその土台を壊される方向性が生じるのである。年表には、異民族起源説しか載せていないが、それを主張することに消極的な見解の割合が、明治以降確実に増えていくことがそれを示している。近代とは、異民族起源説が崩壊へと向かう時代なのである」。このような評価は、異民族起源説が主張されているコンテキストを無視して、近代全体を平板にとらえることになりはしまいか。上杉作成年表には、文明開化期における異民族起源説が多数列挙されているが、それは上杉自身もいうようにそれぞれの著作の論者がそれを支持しているのではなく、ほとんどそれを度外視しているものを多く含む。すなわち文明開化期における異民族起源説の減少ないしは否定と、それ以後の時期の増大・浸透との違いを見るべきであり、近代をこのように一様にとらえるのは、やや性急に過ぎるのではなかろうか。なかんずく、文明開化期より後の言説は、「身分」という線引きが存在していることにより、ことさら差異を言い立てる必要がなかった前近代との違いが際だっていることを視野に入れる必要があると考える。

「解放令」伝達のための福山県（現広島県）の告諭も、「元来穢多・茶筅・非人抔与《などと》申すもの、其祖先外国より来りしなと種々の申伝へあれとも、素より五体四肢を備へ、平民と同しく万物の霊たる人間に相違なく、人間たるものは互に親しく交るへきハ天然の道理にて、近頃世界万国の互に親む全く此道理なり」〔原田一―四九七〕と記している。ここでは「人間たるものは互に親しく交るへきハ天然の道理」であることを強調すべく、外国からの渡来説は否定の対象として言及されているにすぎないが、引き合いに出してひとまず否定しておかなければならないほどに、それは一定の影響をもっていたとも見ることができよう。のちにも触れるように、このほかにも荒唐無稽ともいえる異人種起源論も存在していたが、重要なことは、この時期には後の時代とは異なって、それらをけっして無批判に受け容れることなく、その説に言及するにしてもその信憑性に留保を付していたことである。

自由民権思想家として知られる植木枝盛もまた、「解放令」後なお差別が持続していることの不当性を訴え、「中古以来、穢多と称する者あり。これ外国人種か、将《ま》た内種か、その原由を詳《つまびら》かにせずといえども、文体知能全く人類にして、禽獣《きんじゅう》虫魚の類にあらず」（『高知新聞』一八七四年六月一五日）〔沖浦一九九二〕と述べていた。

これらに明らかなように、「解放令」後も、前近代からの「種姓」観念とそれを支える「穢れ」観、そして異人種起源説が継承されていたが、しかし、起源論は確証のないものであることを、おおむねそれに言及する論者が自覚していたということ、そしてまた、穢多は「穢れ」を伴っていると見なされながらも、それは払拭可能なものと考えられていた。「解放令」は、「身を清める」といった行為を経ることによって、「穢れ」を払拭可能なものとし、過去との連続性をいったん断ち切ったという点でも、重要な意味をもっていたといえよう。

人類に相違もなし——文明開化の主張

しかし、その「解放令」が一片の布告にとどまることなく、実効性をもち、実態を伴うようになることは容易ではなかった。民衆の根強い抵抗が存在するなかで、「解放令」の意図を貫徹していくための後押しとなった一つの力として、文明開化をあげることができる。それは、むろん西洋化の原理だけで貫かれていたわけではなく、文明開化それ自体が復古と開化の二面性を孕んだものであったことは、すでに牧原憲夫の研究に詳しい〔牧原二〇〇四〕。しかし、賤民解放という点に関しては、「開化本」と呼ばれる文明開化を説いた書物を見るかぎり、ほぼ一貫していた。開化本のなかで部落問題に言及しているものは、『明治文化全集』第二〇巻（一九二九年）に収められたものを見るだけでも、西村兼文『開化の本』（一八七三年）、横河秋濤《しゅうとう》『開化乃《の》入口』（一八七三年）、小川為治『開化問答』（一八七四年）、『開化評林』巻之一（一七八五年）の四点ある。身分意識の解体、とりわけ賤民身分に対するそれを実現することは、文明開化の重要な柱の一つであったことがうかがわれる。

そのなかの一つである西村兼文『開化の本』は、まず「抑《そも》穢多は何れの時より起源せしを知る人更《さら》になかるべし」とことわった上で、文献に記されている起源について、このように紹介する。

富家語談は、久安年間の語録なるにすら、燕《えん》の太子丹《たん》三千人の臣下を率ひて、本朝《にっぽん》に帰化せしを、丹波国に住しめ給ひしに初り、穢多は、燕丹の訛《なま》りなりとす、又水戸の儒安藤為章の年山記聞には、鷹の餌取《えとり》の誤音なりとす、其《その》名称すら斯《か》く分明ならず、其外、近く夷俘考《いふこう》の一紙、また国史に因つて推窮し、異類穢種の陋見《ろうけん》を除き払はしめんとす。

この記述から、燕（中国）からの渡来説や、「陋見」として払拭の対象となっているものの穢多を「異類穢種」とする説が存在していたことが読みとれる。しかし、そのこととは別の平面上に、以下に見る著者の主張が展開される。西村はこのように言ってのけるのであった。「今や、これをして平民に伍し、忽《たちまち》開化の良民となるに到る、文明の大恵《みめぐみ》といふべし、（中略）同じ天地の間にありて、情合同じき人民なれば、貴族なりとて恃《たの》むに足らず、卑賤の人時に顕達し、新しきものは旧きに代る、人世の盛衰は常ならず、西洋の各国には、屠者《としゃ》の立身せし多くありて、文明開化の第一等は、貧賤をして富有ならしめ、卑しきをして貴ときにおよぼすにあり」（原文にルビが付されているものはそれを採用した）〔吉野一九二九〕。

横河秋濤の『開化乃入口』も同様で、開化派知識人「英」は、民衆代表の「愚」に対して、「さすれば上は御一人、下万民は皆其御子と同様で、穢多じやと言て尻尾が生てもなし、御年貢を上納すりや矢張《やはり》天子の民で、御子も同様」と断じた。そうして穢多の起源について、「腐儒達《へぼじゅたち》が種々《いろいろ》と説を立て、彼奴等が先祖は秦氏を名乗て徐福《じょふく》が帰化に附属の子孫等《など》と、つまらないことを附会《つけ》てゐるが、これは百済《くだら》の弓月君《ゆづきくん》のことを取ちがへて言た者サ。或は崇神天皇の御宇、穢行無頼の民を罰せられた者の子孫とも言ひ、亦《また》神功皇后三韓御征伐の御伴して彼地で皮細工を習はされた者共の子孫とも言てあれども、是は皆僻説《へきせつ》で、実は皇国の旧吏に、新羅《しらぎ》の孚《ふ》何百人を某地に置き蝦夷《えみし》の孚何百人を某の国に置くと言ふ事が往々嘗《かつ》て有る。今の穢多は全く是等の子孫かとも思はれ升《ます》ノサ」と述べる。ここでも起源論についての断定は避けているものの、朝鮮からの渡来人と蝦夷に求められており、注目すべきはそのあとの、「何にもせよ、人類に相違もなし、今日人道を弁《わきまえ》て忠孝の片端をソコ〳〵に行へば、何も其の様に隔《へだたり》をつける訳は決してないノサ」と言ってのけるところである。そればかりか、「心得違の因循家《いんじゅんか》は、イーヤそれでも彼等は何処やらに臭みが有る、イーヤ舌が短いの、音声が違つてゐるのと、無理に彼を隔て我身を立てる」ことに対して、「それこそ天理人道に背けて居るから却て穢多と呼れても仕方はないノサ」と、あくまで差別に固執する者に、「穢多」という呼称を投げかけていることにある〔吉野一九二九〕。

「旧平」と「開次郎」の同じく問答からなる小川為治『開化問答』では、旧平をして、「されば矢張公方様のやうに、御政事は高貴の人たちに任せおき、百姓は百姓、町人は町人、穢多は穢多にて居たはうが上下の差別正しくて、誠によきことかと思ひ升《ます》」と言わしめる。依然、身分の別にこだわり続けるこの発言に対して、開次郎は、「呵呵《かか》々々、なるほど足下は古物でござる。唯《ただ》なんでもこれ迄の事がよいと思ひなさるゆゑ、かやうなる疑ひがおこることにて、よく考へてごらんなさい」（傍点――引用者）とたしなめ、「天道様が人を造へるに、大名だから四ッ目にして、手足が八本、穢多だから一ッ目にして手足が二本といふ差別はござり升まひ。人間といふ物はみな両眼四足に出来て居るところを見れば、人間の釣合は何の従五位でも権兵衛八兵衛でも同等なわけではござらんか。この釣合同等なることはもとより天道様の御思召にて、これを人間の権利と申升」と諭すのであった〔吉野一九二九〕。

以上から明らかなことは、まず第一に、やはり朝鮮渡来人説をはじめとして異民族起源説はかなりの程度広まっていたということである。『開化評林』巻之一にも、「穢多非人ノ称、中古肉食厳禁ノ令下リシヨリ、之ヲ屠《ほふ》リ、之ヲ喰フ者ヲ卑下シテ、度外ニ置キシコトト見ユ。是即《これすなわ》チ三韓粛慎荏那《しゅくしんえな》ヨリ帰化ノ民、彼ノ風習ニテ、猶《なおや》禁マザレバ、賤視シタルモノカ」〔吉野一九二九〕と記されており、たしかに朝鮮人起源説は、一定の広がりをもって存在し続けていたといえよう。

しかし民衆意識を説明する際に、そのような起源論はどのくらい重要な位置を占めるであろうか。この時期の民衆は、いまだマス・メディアが成立しておらず、従来からの学説にふれる機会や手段も限られているなかで、「異種」であることよりも「穢れ」観を意識することによって、日常から被差別部落民を排除していた側面の方が大きく、起源論はさほど重要な意味をもっていなかったのではないかと考えられる。

そもそも、日本人起源論自体がいまだ民衆レベルにほとんど受容されてはいなかった。知識人の世界においても、明治初期は、エルヴィン・ベルツら欧米人の説く混合民族・渡来＝征服説が「科学的」とされる日本民族論」のすべてであったといい〔小熊一九九五〕、被差別部落の起源についても、日本人起源論を質すことなく、近世以前からの説が茫漠と受容・継承されていたにすぎなかったといえよう。

第二に、開化派の論者たちは、それでもある程度存在していた異民族起源論によって正当化するような差別を、「人類に相違もなし」「天理人道に背けて居る」という天賦人権の理念で真っ向から否定し去っていることは重要である。彼らの主張は、「外国人種」であろうと「内種」であろうと人類ならば平等という姿勢で一貫しており、「平民同様」にすることにもっぱら力点が存在するのであって、起源を問う必要はなかった。そうしてその実現に努力する人こそが「開化」の民とされたのである。

冒頭でも述べたように、「解放令」は「国民」をつくるための一環であった。明治政府は、国民国家の境界線上にあった琉球に対しても、「国民」に組み入れるべく「琉球処分」で臨んだ。これについて與那覇潤は、明治初期にあっては、「琉球処分」の際に人種起源論は問題にならなかった、つまり国民国家に組み込む上に起源――血のつながりはどうでもよかったと指摘する。それが二〇世紀になり、「沖縄学の父」として知られる沖縄出身の言語学者伊波普猷たちが日琉同祖論を持ちだしたことによって、同一民族として語り直されたのだという〔與那覇二〇〇六〕。

民族起源論よりも、「穢れ」を引き合いにだして自らの優位を維持しようと人びとによるこのような「陋習」に対して、立憲改進党創立に参加し、大隈重信を助けて東京専門学校創立に尽力したことでも知られる小野梓は、「惜しい哉《かな》、陋習の久しき世人ややもすればこの良民を認めてなお彼の奴隷の如くし、為めにこの一視同仁四海平等の聖旨を実際に全うすることを得ず」（「本邦現時の民権を列序す」・小野『国権汎論』一八八五年）（沖浦一九九一）と嘆じた。いまだ近代の学知にもとづかず、あいまいな起源論に新たな「知」が加えられ、それが被差別部落問題のありようにも影響を与えていくのは、一八八〇年代半ば以後のことであった。

2　人類学による「学知」の付与

日本列島内部の「他者」を知ること

近代国民国家の成立期は、ナショナルな意識の高揚を生みだす。近代国民国家は国境の確定を不可欠としており、「日本」―「日本人」の境界への関心が高まることとなる。そのような状況のもと、地理的にもまさに境界線上に位置していたアイヌや琉球の人びとを国民国家の内部に組み込む必要が生じるなかで、改めて「日本」そして「日本人」とは何か、との問いが再燃し、それらを受けて、他の学問領域に比べて比較的早い時期に成立したのが人類学であった。一八八四年一一月には人類学会、そして八六年には東京人類学会と名称をあらため、機関誌も『人類学会報告』から『東京人類学会報告』へ、そして『東京人類学雑誌』から『人類学雑誌』へと、しだいに近代の学知としての体裁をととのえていった〔山路二〇〇六〕。

人類学者たちがアイヌ、琉球の人びとに目を向け、アイヌを「滅びゆく民族」などと称したことは周知であるが〔黒川・藤野二〇一五〕、人類学者たちの関心は、それらとともに、地理的には日本の内部にありながら容易に〝内部化〟されずにある被差別部落にも注がれていった。彼らがつくり出していく学知は、被差別部落の起源論という観点から、そしてそれが「人種」という境界線を引くことにつながったという点でも看過しえない重要な意味をもったのであり、以下にその内実を問うてみたい。

折から被差別部落は、一八八一年に始まった松方デフレの影響を被って、経済的困窮が著しく進行したとみられ、被差別部落が惨状を呈し「貧者ノ巣窟」になっているといった新聞報道や行政文書の記録が、各地で数多く残されている〔黒川一九九九〕。

被差別部落の貧困がいっそう際だつようになった一方、さらに政府は、一八七九年、内務省内に中央衛生会を設け、社会への衛生観念の浸透をはかった。それによって、経済的困窮ゆえに衛生という点からもとり残されていった被差別部落は、社会からの排除と隔離がますます進行していった。一八七〇年代から八〇年代にかけてコレラが流行し、そのなかで被差別部落が、行政や新聞などのメディアによりコレラ発生の温床として表象されていったことも、それに拍車をかけた。そうしたことが、人類学者の被差別部落に対する好奇の視線を促す要因になったと考えられる。

人類学会の機関誌に最初に被差別部落が登場するのは、『東京人類学会報告』第六号（一八八六年七月）の箕《み》作《つくり》元八《げんぱち》「穢多ノ風俗」で、これは「雑記」欄に寄稿された短いものであった。箕作は動物学から出発し、西洋史学に転じた。まず彼は、「穢多ノ事ニ付キテハ二説アリ一説ニ穢多ハ外国人ニシテ他民族ニ嫌ハル、事彼ノジュース（ユダヤ人をさす――引用者）ガ他邦人ニ嫌ハル、ガ如クナリシト云《い》ヒ一説ニハ同ジク日本人ナレドモ昔ヨリ汚穢ナル物ヲ取扱フ故《ゆえ》他人民之ト交通スルヲ嫌ヒ其徒モ亦《また》従テ其仲間ノミニテ交通シタレハ終《つい》ニ一種類ノ如クナリシナリト言ヘリ」と述べて、他国におけるユダヤ人と同様の位置にある「外国人」とする説と、「日本人」でありながら「交通」を遮断されて「一種類」のようになったとする説の二つがあることをあげる。そのうえで彼は、「現時ハ穢多モ平民トナリ追々他ノ人民ト交通スルニ至レバ遠カラズ□（判読不能）其風俗ナドモ変シテ終ニ之ヲ知ルニ由ナキニ至ラン去レバ此取調べハ現今ヲ以テ尤モ急ナリトス依テ婚姻風俗同様各地ノ読者ヨリ報知セラル、事アラバ大ニ益アリト信スルナリ」と、穢多の起源に関する情報集積を呼びかけるのであった。

この箕作の一文からも読み取れるように、その背景には、「解放令」によって同じ「平民」としての交わりが生じる可能性が出てきたことから、被差別部落民という「他者」を知る必要があるとの認識の芽生えがあったと考えられる。

『東京人類学会報告』第九号（一八八六年一一月）の「雑録」に掲載された、のちに帝国大学理科大学教授となる坪井正五郎《つぼいしょうごろう》の「足利近傍の賤民」は、それへの最初の応答であった。坪井は、「穢多は啻《つと》に平人に嫌はる丶のみならず自ら謙遜する風が有て一般人民と交はる事稀《まれ》なるが故に言語にも違ふ所が有たさうです」（傍点――引用者）と伝聞形で述べており、そもそも学術研究というにはほど遠いものであった。しかし、箕作と坪井に共通するのは、彼らにとって被差別部落民は、今まで接したことのない〝未開の原住民〟に接するのとほとんど同程度に、これまで自らの視界には入らなかった「他者」ということであった。

つづいて登場するのが、同じく「雑録」欄に載った藤井乾助の「穢多は他国人なる可し」（『東京人類学会報告』第一〇号、一八八六年一二月）という文章である。藤井は、「全体穢多なるもの丶我同胞の一部分でありながら殊更に濱斥《ひんせき》さらる丶所以は職として元来祖先を異にするの人種ならざるべからず而して亦穢多の他一人類と行為身上の異なる点は穢多は古来日本人が肉食を嫌厭せし当時より肉食せしと眼球の赤色を帯ぶるもの＊二事は之れを研究すべきの点なり」と問題を投げかける。そうして彼は、歴史書に応神天皇の時代以来三韓から日本に帰化し、その人民が諸国に分居せしめられたと記載されているが、はたしてどこに行ってしまったかと考え、その結果「この三韓より帰化したる人民こそ今日穢多と云ふ人種の祖先なるべし」との推定を下すにいたる。その根拠は、「清国香港から遠くない海岸に、日本人の穢多に対する処遇と同様に扱われている一群」があり、その住民の祖先は日本人で古来漂流して住居したものだということにあった。彼は、それから類推して、日本列島内部の孤立した集団は、「帰化したる人民」に末裔に相違ないとするのである。

＊このほかにも当該時期、及びそののちにも、被差別部落の人びとがしばしば差別的に「赤目」などと称されることがあったが、おそらく目の伝染病トラホームに罹り、目が充血している状態からこのようにいわれたものと推測される。

藤井も、被差別部落民と日常的にどれだけ接した経験があるかは疑わしく、むしろ被差別部落の人びとは自らの生活空間の外にある「他者」であったからこそ、中国の海岸に寓居する日本人漂流民とのアナロジーで渡来人末裔説を導き出したのだといえまいか。

同じく第一三号（一八八七年三月）に「エッタハ越人《エツド》ニシテ元《げん》兵ノ奴隷トナリタルモノナル事及ビ其他ノ事ドモ」（傍点——原文）（「雑録」）を寄稿した金子徴の場合は、「余ハ本会ニ於テエッタノ問題出テタル以後聊《いささ》カエッタノ人相ヲ観察シ」た結果、「体格瘠弱《せきじゃく》ニシテ面貌ハ円ナルアレトモ多クハ細長ク顴骨《けんこつ》トモニ大ナラズ眼ハ細ク小クシテ面貌ニ威光少シ皮膚ノ色沢ハ少ク暗青ヲ帯ビテ普通日本人ノ暗赤ヲ帯ブルニ同シカラズ而シテ毛鬚《もうしゅ》少キガ如シ」であったという。「格別普通日本人ト異ナル所モ視エザレトモ」とことわりながらも、そこには、あえて「普通日本人」との違いを見出そうとする態度が見てとれる。このような外観上に差異を見つけ出すという態度は、のちにも見られるように人種主義者に共通しており、こうして差別の徴表がつくりだされていったのである。

これらに示されるように、まず第一に、被差別部落起源論は人類学会のなかの関心事の一つをなしていたのであり、それは「われわれ」の生活空間への「かれら」＝「他者」の参入に備えるためのものであった。しかしそれはもっぱら好奇心のレベルにとどまっていて、そこから問題解決に迫ろうとするような気概は芽生えていなかった。

第二に、彼らが起源を論じる際に依拠しているのは、神話や歴史書にもとづく近世以前からの不確定な説と、もう一つは容貌であった。小熊英二によれば、当該時期は人類学の草創期であり、「彼らの研究手法はこんにちの目からみればいささか素人くさいものであった」。遺跡発掘、出土人骨の計測、周辺民族の現地調査、古事記・日本書紀などの神話分析に銘々が自由に手をつけ、また、単純な容貌判定が学説の根拠として使われたという〔小熊一九九五〕。彼らの被差別部落の人びとへの向き合い方も、それとまったく同じ手法であった。しかし、それによって彼らは、被差別部落という集団の徴表をつくり出し、「普通日本人」との差異を確認しようとしていたのである。

第三に、当該時期には人類学者たちは、日本人の起源についておおむね混合民族論を唱えており〔小熊一九九五〕、それとの整合性は不問のまま、たとえば先にみた藤井のように、渡来人が混淆しないまま「穢多」を形成してきたという説が主張されたのである。

第四には、にもかかわらず彼らの主張は、人類学という近代の「学知」としての装いを身につけることによって、「解放令」前後にみられた、不確かなことを自覚した上での起源論の紹介とは異なって、一定の影響力をもったと考えられることである。

生体計測――鳥居龍蔵

人類学による「学知」としての被差別部落起源論をより推し進めたのが、鳥《とり》居《い》龍《りゅう》蔵《ぞう》であった。鳥居は一八七〇年に現在の徳島市船《せん》場《ば》町《まち》に生まれた。彼は中学校時代に、東京で人類学会が創立されたことを知り、同会に手紙を出して会員となる。まもなく当時東京大学大学院動物学科の大学院生であった坪井正五郎と交流がはじまり、一八九〇年には人類学を学ぶために上京、三年後には帝国大学理科大学人類学教室標本係に採用され、坪井の教えを受けることとなった〔鳥居一九五三〕。鳥居が被差別部落の調査を行った一八九七・九八年は、台湾の調査に従事し、一時帰国して沖縄県・徳島県の調査をしているときであった。

1　鳥居龍蔵

この間に鳥居が行った被差別部落調査は、現在明らかにしうるかぎりで二件ある。一つは、一八九七年九月一八日に徳島県名東郡高崎村の高崎尋常小学校の協力を得て行った調査で、彼は後年、「明治三十年の夏、阿波国の深山にある木《き》頭《とう》という所へ、人類学教室員の玉置氏と共に、土俗学（Ethnrography）

の調査に行ったことがあった」と記しており（鳥居一九五三）、高崎村へはこのときに立ち寄ったものと思われる。

調査の模様は、鳥居がこの調査に関して坪井正五郎に宛てた書簡と、調査の模様を「高崎村新民種類《（ママ、族）》の人類学的調査」と題して報じた『徳島日々新聞』（一八九七年九月二一日）の記事が、「穢多に就《つい》ての人類学的調査」と題して『東京人類学雑誌』第一四〇号（一八九七年一一月二八日）に掲載されている。その記事は鳥居が坪井宛の手紙に同封したもので、鳥居によればその記事が「余程世人の注意を惹きしものと相見え、殆と日本全国の新聞紙に其転載を見ざる所なき有様」であったという。被差別部落の「人類学的調査」というのは、それほどに世間の関心を集めたのであろう。

その新聞報道によれば、鳥居の調査は、高崎尋常小学校において、村吏員と同校教員の協力の下に行われた。ちなみに、この場合のみならず、身体測定などを含む人類学調査は、徴兵検査や学校教育との密接な関わりをもって推進されていったのであった（坂野二〇〇五b）（冨山一九九四）。その報道によると、「鳥居氏は高崎新居両村新民種族中の重もなるもの十名に就き最も精密に人体の模様を取調べ又た青木氏（四国人類学会会員——引用者）は一々之れを撮影し」たという。続けて同新聞は、「当初新民種族は其の調査を受くるに嫌忌する処あらんを予期せしに拘はらず実地に臨んでは意外にも氏が調査に対して豪も嫌色を表さゞるのみか寧ろ喜び進んで之に応ずる有様なりしかば大に便利を得しと云ふ」と伝えている（傍点——引用者）（四七頁）。そこには明確な権力関係が存在しているにもかかわらず、そのことに無頓着に調査への協力を喜ぶ〝文明〟の高見に立つ者の無邪気さが露呈されている。*

*後述するように、鳥居を高く評価する沖浦和光の次のような肯定的な評価があるが、疑問が残る。「鳥居は当時としては稀にみる異色の学者であった。赤貧の中で育った彼は、部落についても偏見をもっていなかったからこの調査をやったのであろう。当時、あえて部落の中に入って調査をやろうとした学者はまず皆無であった。部落民も喜んで彼を迎え入れている」(沖浦一九九一)。

鳥居は、新聞記者に次のように語っている。すなわち、「古来穢多として社会一般より排斥蔑視せらるゝ種族」について、学者の説も朝鮮からの帰化人・良民の墓守・皮剥《かわはぎ》・「穢《け》からはしき業を執り居たる者」など種々の説があるが、いずれも「書籍考証上の説」であって「理学的に之れを説明せしものなき」ため、「人類学上実地の取調を遂げんとの希望」を「久しき以前より」抱いてきたという。念願が叶って調査を行った結果、鳥居が得た結論は、被差別部落民は、「蒙古眼を身ざりし」と「頭の幅狭隘《きょうあい》なること」から、「素より未だ断言し能はざるも朝鮮人の帰化せし者なりとの説は少しも信するに足らざるなりけだし一も其帰化らしき体質を認めざればなり」というものであった。続けて彼はいう。「元来日本人種は単純なる人種にあらずして種々様々の人種結合して成立せるものなり嘗《かつ》てベルツ氏が日本人種に就て論せられたるあり氏の研究の結果に拠れば日本人には二個の形式を認め得一は所謂《いわゆる》蒙古的の形式と一はマレー的の形式を備へたる即ち是なりと若し今穢多と云へるものは(高崎の者のみを以て断言する能はざれとも）此二ツの体質より考ふれば明かにマレー的体質を備へたるものに類似して日本人中蒙古的人種に相違したるものなり」。

ここに明言しているように、鳥居は、被差別部落民はマレー系であり、渡来系ではないとする。彼が前提としている日本人種論は、お雇い外国人として知られるドイツの医学者ベルツの混合民族説に依拠したもので、日本人は蒙古系とマレー系からなり、そのうち被差別部落民――高崎の事例のみから断言はできないと留保はつけられているが――は、後者に当たるというのである。

このことの意味を考える前に、鳥居が翌年、兵庫県で行った同様の調査について触れておこう。これについては、現在新聞記事が残されているのみで、鳥居自身、著作等で言及したものは見当たらない。その調査を報じた『日出新聞』（一八九八年二月）〔原田四〕は、「穢多の人類学的調査」と題して次のように伝えている＊。

人類学研究者鳥居龍蔵氏は兵庫県飾磨《しかま》郡高木村に於ける所謂穢多種族に対し人類学的調査を行はん為去十二日同村に赴き同種族八名に付きて精密なる身体検査を行ひ悉《ことごと》く之を撮影したるが其結果は昨年徳島県名東郡に於て同氏が調査したる結果と稍々《やや》類似し居る由にて先づ此種族の体質上特徴とすべきは顴骨《けんこつ》の突起すること、眼の蒙古眼ならざること、頭の形状の幅狭隘なること、鬚《ひげ》の所謂天神鬚なることとなり之をマレー諸島、ポリネシヤン島の土人「マレヨポリネシヤン」種族に比するに尤も酷似し絶へて蒙古人種の形式あらずと云ふ

＊先に述べた徳島県の調査も、そして兵庫県の調査に関するものも、『鳥居龍蔵全集』（全一〇巻・別巻、一九七五〜七七年、朝日新聞社）には一切収録されておらず、そのことの意味を考える必要があろう。

鳥居は先にみたように、日本人には蒙古的形式とマレー的形式を備えた二形式があるという混合人種論の枠組みのなかで、被差別部落を後者に位置づけたはずであった。ところが、鳥居が前提とする日本人種論の枠ぐみを捨象して、「マレヨポリネシヤン」種族に酷似し蒙古人種の形式ではないというとき、それはあたかも日本人という境界の外に位置するように読まれる可能性が大きい＊。

＊そもそも鳥居自身も用いたと思われる、被差別部落の集団に対して使われる「種族」という表現も気にかかるところであるが、それは、当時の論壇などを見るかぎり、今日考えるよりも安易に多用されていたと思われる。

「普通日本人」の周縁

以上の二つの調査報告から、次の点を指摘しうる。

第一に、鳥居が出したそのような結論は、被差別部落民の「普通日本人」への統合と排除の微妙な境界線上に位置するものだったと考えられる。鳥居の主観的意図は、彼が徳島県の調査のあとに坪井に宛てた書簡のなかで、「小生の此度の調査は固《もと》より阿波一国の穢多に付てのことに有之《これあり》候へども、此の取調が従来其由来を推考するに苦しみたる穢多なるもの、研究には少しの利益を与へたるものと相考へ候」と述べているように、そしてその手紙のなかでも、「小生今回の取調に就て申せば穢多なる者は普通人中の或る形式に類似せる者にして、決して普通人に見ざるが如き特別なる形式を具《そな》へたるものには之無《これな》く候」(『東京人類学雑誌』第一四〇号)という見解を告げているように、あたかも非「日本人」であるかのごとくに語られてきた被差別部落民に、「普通人」という確証を与えようとするものにちがいなかった。そのかぎりでは沖浦和光のように、鳥居を、異民族起源説を打破することに力を注いだ「異色の学者」として肯定的に評価することも可能であろう〔沖浦一九九一〕。しかし、そこには次のような問題も孕まれている*。

*沖浦はこのように述べる。「すでに述べたように、部落民の起源については諸説があって、いわゆるヤマト民族(日本民族)とは出自が違う異民族であるとする説が近世から根強くあった。いずれもなんの根拠もない勝手な憶測であった。そのようなデタラメな異民族起源論を打ち破るためには、どうしても人類学者や民族学者の実証的な研究が先行せねばならなかったが、鳥居の調査行はそのような最初の試みであった。この論文自体の意味はそう大きいものではないが、鳥居龍蔵のあとにみるような膨大な調査研究は、まさに科学としての日本民族形成史論を構築するための最初の布石であった」と。そうして先にあげた叙述へと続く。

まず一つは、鳥居自身も十分に自覚的であったとはいえ、きわめて少ないサンプルから形状で安易に分類がなされたものであり、それにもかかわらず被差別部落民＝マレー系と位置づけ、歴史的に固定された集団として表象してしまっていることである。それは被差別部落が混淆することなくある種の〝純粋な〟集団を保ってきたとみなすことにほかならず、被差別部落をある種の囲いのなかに位置づけてしまうことになりはしまいか。

しかも、鳥居自身が依拠したことを明言しているベルツの説は、アイヌを除く「日本人」には、上流階級に多い長頭細身の「長州型」と下層階級に多い担当ずんぐり型の「薩摩型」があって、前者は大陸から朝鮮経由で本州南西部に上陸したもの、後者はマレー人に似ており、海路で九州に来て北上したものであるとする〔小熊一九九五〕。被差別部落の人びとがマレー系と断じられた背景には、このような上流と下流という階層による分類が存在しており、そのうちの下層のイメージが重ね合わされていたと考えられる。

二つめは、のちに鳥居はアイヌ以外の「日本民族」を、固有日本人（統合の中心）、インドネジアン、インドシナ民族、の三つに分類するにいたり（鳥居龍蔵『有史以前の日本』磯部甲陽堂、一九二五年）、その図式に照らし合わせるならば、彼は被差別部落住民を、皇室を含む「固有日本人」の外に位置づけていることになる（第三章で後述）。換言すれば、「日本人」のなかの〝周縁〟という位置づけである。

ちなみに鳥居の後年の回想のなかに、一八九三、四年ごろの東京遊学時代のことを語ったと思われる次のような記述がある。

> 私は上野、武蔵、信濃、播磨、阿波等の部落人の身体測定や土俗、昔話（Märchen）言語等について調査した。その結果、頭形は長頭もしくは、これに近いものが多く髭乏しく、身体は一般より比較的少し高く、皮膚の色は女子においてやや白く、髪長く立派で、顔形は美しく、眼形は一定している。それから、昔話などは、『桃太郎』『猿蟹合戦』等を知らなかった。（傍点――引用者）
> 〔鳥居一九五三〕

ここに登場する「部落人」が被差別部落民を意味するのかどうかは必ずしも定かではない。しかしながら、播磨、阿波という地域は先にみた二つの調査の場所と一致している。そうであるならば、ここにあげているような、その二つ以外の地域でも被差別部落調査が行われたことになり、鳥居にとって、被差別部落起源論は小さからぬ位置を占めていたといえるのではなかろうか。鳥居が混合民族説を打ち立てる上に、非渡来系の典型として被差別部落の存在は不可欠の位置をしめていたと見るべきか。

三つめは、しかしながらそれが、従来から被差別部落に対する差別と排除の視線と表裏一体に存在していた朝鮮人起源という俗説を粉砕するという意味をもっていたことである。すでにみてきたように、それは鳥居自身が強く意識していた点であった。今日の日本人起源論理解を待つまでもなく、すでに当時にあっても、鳥居やベルツらにとっては渡来系が混じっていることはなんら不思議なことではなかったであろう。しかしながら、被差別部落民の起源を朝鮮人に求めることによって差別するという構図は、その後も長らく生き続けてきたのである。被差別部落＝朝鮮人起源説は、日本人起源論の合理的な説明とは隔絶したところで生き長らえてきたのであり、そのような学説と俗説の二重構造ゆえに、鳥居は後者を粉砕しても、学知の世界で別な矛盾をはらむことになったというべきか*。

*関口寛は、水平社内の部落民アイデンティティ論争を追究するなかで、それに影響を与えたものとして鳥居のこの議論に注目している。関口は、鳥居は日本人を複合民族とみなしており、部落民をそのなかに位置づけていたことを確認しつつも、次の点で問題であるとする。第一に、鳥居の理解に即せば部落民は、「日本に渡来した大和民族を形成した諸人種のうち、混血して姿を消すことなく、現在までその身体的特徴を保持しつづけてきた人種」となること、第二に、鳥居が部落民を日本人と位置づけていても、それが学問的世界を出て社会的差別を合理化するイデオロギーとして機能することは、鳥居にあっても当初から予想可能であったこと、である（関口二〇〇七）。

第二は、鳥居のこの調査の場合、とりわけ計測を伴う「精密なる身体検査」という手法をとることにより、「科学」の装いをもつものとして社会的に認知されたであろうと考えられることである。

そもそも日本人の生体計測は、江戸末期から明治初年にかけてヨーロッパ人により始められた。生体計測、生体観察、頭骨の研究を総合して日本人の系統を論じたのは、一八八三年にベルツが著した『日本人の身体特性』（独文）をもって嚆矢とし、鳥居の「飛濃越地方人民の頭形」（一九〇五年）が地域差という観点から生体計測値をはじめて比較した研究であって、昭和年代に入り、日本人の生体計測が全国各地で実施されるようになったとされている〔池田一九七三〕。そのようななかで身体計測自体は、一八八〇年代半ばごろから、坪井正五郎らによって行われ、初期の学会機関誌にその報告が登場していたが、それは、「離島の住民や被差別部落民のように、当時の日本人の枠組みからすれば、周縁あるいは逸脱例に属すると考えられた人びとについての個別調査が多くを占めていた」という〔坂野二〇〇五b〕。人類学会の機関誌を見るかぎりでは、被差別部落民の生体計測は一八八〇年代には確認できず、この鳥居の調査が最初のものと思われる。

生体計測をされた被差別部落民は、調査者にとって、あくまで個々の顔を持たない〝対象物〟にすぎなかったのであり、それはしばしば指摘される、従来の人類学における学者と「未開」住民の関係とパラレルである。鳥居は、一八九六年ごろの台湾調査時代について、後年、「私は当時また台湾生蕃研究のためにフィリピン、ジャバ、スマトラ、セレベス、ボルネオの Indonesias やトンガ、サモア、ニュージーランド等の Polynesians やニューギニー、フィジー、ニューカレドニア諸島の Papuans 等の書籍を熱心に読んだ」と回想しており〔鳥居一九五三〕、台湾原住民研究に意欲を注いでいた時期でもあった。彼は、このとき得たばかりの知識や調査方法を被差別部落に当てはめたのではないかと考えられる。

第三に、この調査は鳥居自身も、「此事実は小生未だ何とも申上兼候へども、尚他地方の穢多其ものども人類学的比較研究を試みたらば、実に意外なる学術的発見をなすならんと相考へ申候。世人が未だ穢多に向て理学的研究を行はざりしは今後之を取調ぶる者の為反《かえ》つて研究甲斐が有りて面白く存ぜられ候」（前掲坪井正五郎宛書簡、『東京人類学雑誌』第一四〇号）と認めているとおり、被差別部落の起源について結論を出すにはいまだあまりに性急にすぎ、一つの着手の試みにすぎなかった。しかし、それにもかかわらず、すでに見てきたようにそれが多数の新聞に報じられ、多くの社会的関心を集めたことの重大さを考える必要がある。

この点については、関口寛が明らかにしているように、和歌山県の被差別部落で融和運動を起こしたことで知られる岡本弥は、被差別部落民が「劣敗民族」と見なされることを気にかけ、鳥居に調査結果を照会したといい、またのちの菊地山哉や佐野学らの研究にも直接間接に受容されていったのである〔関口二〇〇七〕。鳥居は東京帝国大学で教鞭を執る著名な人類学者であり*、しかも、欧米の人類学ではすでに盛んになされていた生体計測という「科学的」と見える方法によって唱えた学説であった。それが社会に与える影響は、甚大であったといえよう。

＊鳥居は、徳島の調査をしたときは東京帝国大学理科大学雇員であったが、二つめの兵庫県の調査のときには、一八九八年六月に大学助手となっており、さらに一九〇五年には講師、一九二二年には東京帝国大学助教授となっている。その後、国学院大学・上智大学教授も務めた〔中薗二〇〇五、「年譜」〕。

3　「習慣ハ第二ノ天性」

「遺伝」と「習養」

前節で見たとおり人類学者たちは、そもそも彼らの学問への向き合い方が、当時にあっては「古物趣味」あるいは「博物学的志向」と評されるように好事家的な性格を色濃くもっており〔坂野二〇〇五b〕、被差別部落の起源に目を向けても、被差別部落の人びとが置かれている状態に悲憤慷慨して、その対策に頭を巡らすという意識は希薄であった。しかし一方では、幕末から賤民解放が論じられていたように、部落問題対策についての議論はかねてからあり、「解放令」以後しばらくは、もっぱら「解放令」の効果に期待が託されていたが、松方デフレ以後、被差別部落の経済的困窮が際だつなかで、被差別部落の存在が〝問題〟として認識されるに至り、その解決策をめぐる議論がふたたび論壇に登場するようになる。

そのような部落問題対策が論じられる際に、「人種」「種族」がちがうという表象は、どのような意味をもつのか。そして、「開化」の民となるための「改善」の努力は、いかなる「効果」をもちうると考えられていたのか。「人種」という線引きは、その目的の前にいかように立ちはだかるのか。まずは、まさに「人種改良」と銘打って一八八四年に世に問われた高橋義雄『日本人種改良論』を紐解き、「人種」を「改良」することの意味を考えてみたい。

高橋義雄は、慶應義塾出身の福沢諭吉門下生で、この書の執筆当時は新聞事業に従事していた。福沢が同書に寄せた「序」のなかで、「本書ハ人種改良ヲ目的トシテ体育ヲ勧メ又衣食住ノ模様ヲ改メ尚進ンデ血統遺伝ノ美ヲ撰ムノ大切ナル次第ヲ論シタルモノ」（嘉治隆一編『明治文化資料叢書』第六巻、社会問題編、一九六一年、風間書房）と記しているように＊、そして高橋自ら「本書立論ノ意《い》匠《しょう》」のなかで「人種改良ノ事」の下に「習養ノ事」と「遺伝ノ事」を並立しているように、この書は、「人種改良」を「習養」と「遺伝」の二方向から考えようとしたものであった。

＊高橋に影響を与えた福沢の「人種改良」については、社会ダーヴィニズムの先駆とみなしての批判が多々なされてきたが、それとは異なる見解の雨田栄一の研究〔雨田二〇〇〇〕があり、私はおおむねそれに同意する。雨田に拠りつつ私見を加えていえば、「福沢は、世界の潮流は「文明」化にあるという立場に立」ち、その「「文明」化とは一人ひとりが実質的に保証される方向へと歴史が進むということであ」り、そのためには先祖から受け継いできた「貧富貴賤」を排した「丸裸の競争」であらねばならないとした。それは「天資」の能力、つまり「遺傳」という「自然的差異」に左右されることとなり、福沢は「人種改良」を発想するにいたる。そうして婚姻の際には「遺傳血統」を重視すべきことを説いた。しかし、それとても福沢自身が「漫言」と称しているように、そしてまた「固より男女相撰ぶは人事の最も穎敏《えいびん》微妙なる部分にして、傍より殺風景なる議論

を挿むも無益に属すと雖ども、事の実際に臨て両三の選択に迷ふて前後左右何れとも決し難き如きは亦常に多きことなれば、斯《かか》る時に当て苟《いやしく》も平生の心得あらば断じて行ふに易き場合もあらんと思ひ、鄙見《ひけん》のまゝを爰《ここ》に陳《のぶ》るのみ」（「血統論」一八八四年『福沢諭吉全集』第九巻、一九七〇年、岩波書店）と断っているように、欧米列強に伍して日本の独立を維持するという目的のもと、あくまで「遺伝」という学知によりつつ文明化を推進するための啓蒙だったと考えられる。

この両者の関係について高橋は、「第二章　遺伝及ビ習養ノ事」を設け、次のように述べる。

遺伝ト習養トハ互ニ因果ヲ相為スモノナリ習養トハ外部ノ感応ニテ体質心性ヲ化成スルノ意ニシテ遺伝トハ父祖ノ血脈ヲ継承伝存スルノ謂《いい》ナリ故ニ動物及ビ人類ハ遺伝ニ因テ体質心性ヲ其子孫ニ伝ヘ習養ニ因テ自カラ之ヲ変ズルモノナリ而シテ其既ニ変ジタルモノハ漸《ようや》ク之ヲ其後ニ伝ヘ既ニ伝ヘタルモノモ亦次第ニ相変シ一変一伝因トナリ果トナリテ互ニ相影響スルモノ、如シ。

すなわち、「遺伝」によって受け継いだものを「習養」により変えることが可能であり、その改変されたものがさらに「遺伝」により後世に伝えられるとして、相互に影響を与えるものとする。彼は「習養」の意味するところについて、さらに次のように述べる。

サテ余ノ所謂習養トハ有機物ノ心身ヲ変スル一切ノ状態ヲ併称スルモノニシテ意味極メテ広ク其心性形質ヲ感化スルノ現象モ亦随テ種々ナルトモ境遇ノ変異、慣用ノ増減ハ就中最モ有力ナルモノナラン境遇ノ変異トハ周囲ノ事情旧観ヲ改ムルノ謂ニシテ其動物及ヒ人類ニ影響スルノ力ハ決

シテ鮮少ニ非ズ。（傍点――原文）

彼は、周囲の環境や置かれた状況が、心性のみならず形質にも影響を及ぼすとする。それゆえ、「人種改良ヲ目的トシテ考フレバ遺伝ト習養トハ共ニ最モ大切ナルモノ」ということになる。「第四章　生計ノ品位ノ事」では、このようにも述べる。

凡《およ》ソ人生ノ法則ニ於テ心身一時ノ状態モ之ヲ久キニ持シテ間断ナキトキハ遂ニ永久ノ状態ニ変スルモノナリ生計ノ品位低クシテ起居貧賤ヲ守ルトキハ心身自カラ貧賤ニ陥リ衣食住ノ程度高尚ナルトキハ心身モ亦富貴ニ適シテ状貌性質共ニ高尚ノ態度ヲ具《そな》フルヲ富トス

例えば明日の食事にも窮するような状態にある人は、「窮苦ノ状時々其相貌ニ現ハレテ遂ニ永久ノ容色ト為リ一見シテ其貧窮ノ民タルヲ判別スルニ至ラン」という。そうしてこのように述べる。

野蛮ノ民ハ食物ノ硬柔ヲ問ハズ又之ヲ調烹スルヲ知ラスシテ喫食ノ際ニ歯牙ヲ適用スルヨリ口広ク唇厚ク顴骨《きょうこつ》突出シテ醜陋《しゅうろう》ノ相貌ヲ呈スルヲ常トス又情火熾《さかん》ニシテ小事ニモ憤怒《ふんぬ》シ快々トシテ楽マザルモノハ頞頭《あっとう》八字ノ形ヲ画キ常ニ不快ノ観アルガ如シ是故ニ衣食居住等凡《およ》ソ生計ノ品位ヲ異ニスレバ其品位ノ高下如何ニ由テ大ニ心身ノ有様ヲ変シ之ヲ久シキニ持スルトキハ遂ニ其適スル所ニ随テ体格心性ニ大小強弱美醜高卑ノ士ヲ生スルニ至ラン。

これらに明らかなように、高橋は、「人種改良」には「遺伝」と「習養」の双方が重要であり、貧富の差による品性・生活のありようが、心性のみならず容貌をも変え、遺伝と絡み合いながら後世に伝えられることを説くのであった。たしかに彼のいう「日本人種」とは、「必ずしも生物学的な意味における人種ではなかった」（坂野二〇〇五b）。しかし、遺伝がこのように「習養」の影響を大きく被るものとの前提に立って「人種改良」が構想されていたことは重要である。そのような前提に立つならば、「人種」によって線引をされた被差別部落の人びとも、その「習養」いかんによって線引を脱する可能性を与えられることにつながる。鳥居のマレー系とモンゴロイド系の二分類が、ベルツの階層分類と照応することは先にも述べたが、高橋のこの骨格を含めた「心身ノ有様」が「品位ノ高下」によって変化を生じるという主張は、もしそのとおり被差別部落の人びとの「習養」が行われていくならば、マレー系ではない様相を呈する可能性を有することにもなりうるのである。

　これまでの研究は、高橋のこの著作を、社会ダーウィニズムの観点から被差別部落を「特殊」な社会集団とみなす認識を植え付けた先駆として注目してきた（藤野一九九四）。それは高橋が、「血統ノ良悪ヲ顧ミザルコト」（傍点——原文）という項目を掲げて記した部分である。彼は、「遺伝ノ効力」は大切であるにもかかわらず、これを顧みるものが少なく、新妻を迎えるに際しても、「容貌ノ美醜」、次いで「家計ノ貧富」が問われ、そのあとにはじめて「世系血統ノ穿鑿《せんさく》」がなされるという状況を慨嘆したあと、このように述べる。封建時代にあっては「士農工商穢多非人」の別があってそれを超えた結婚は行われず、とくに穢多・非人においては火を同一にせず結婚はいわずもがなであった。そのようなかで大名公家のごときは、安逸に浸って「柔弱風」をなし、結婚相手を「多種族」

から選ばず、かえって「血統」を悪くするという弊害もあったが、その一方士族に武風があり自刃を見ても驚かないような気性があるのは、血統多種族を交えず遺風を保ってきたためである。ところが、旧時の「穢多非人」も平民となって「人間並ノ交際」をするようになると、その血統が社会に広がる可能性が出てくるというわけである。それについて彼は、「特ニ下流ノ人民中ニハ癩病遺伝ノ家少ナカラズ」とし、「能ク血統ヲ正サズシテ悪疾遺伝ノ家系ト結婚スルガ如キコトアラバ独リ一家ノ血統ノミナラズ親戚姻娅幾多ノ血派ヲ穢スノ恐レナキヲ得ズ」（傍点――引用者）と警鐘を鳴らす。

ここには一読して明らかなように、被差別部落をはじめとする「下流人民」とハンセン病に対しての誤認と偏見がある。しかしながら、先にみた「習養」によって心身を変化させ、遺伝にも影響を与えるとする彼の考え方と重ね合わせるならば、ここで述べられているような「下流人民」の状態が、必ずしも恒久的なものとはみなされていないことに留意する必要がある。「遺伝」と「習養」の関係についてのこのような把握は、当該時期の社会のなかに一定程度存在していたのではなかろうか。「人種」が異なるという主張をしていた者も含めて、生活習慣などによって被差別部落の人びととの状態が、骨格などの容貌すらも〝改善〟しうると考えている者が少なからず存在しており、それは、「人種改良」を可能とする高橋のような考え方とつながる。それゆえにこそ、一方で「人種」という境界が引かれても、被差別部落を〝改善〟し〝救済〟する必要を説く議論が登場し、また被差別部落の人々のなかからも、部落改善運動が生起するのである。

文明開化が盛んに唱道された時期からやや遅れてではあるが、部落差別を改めることが文明開化の理念の一貫として説かれたがゆえに、「開化」の仲間入りをすることで差別を脱しようとする動きが各地で見られ、大阪府西成郡渡辺村でも、次のような動きが報じられている。「栄町々会議長境伝三郎は予て同村を西区に編入させ且従来の町名を一洗し一般西浜町に改称し之に表裏南北中本通りの称号を附し加之人民の悪弊を洗滌《せんじょう》し以つて開化の民たらしめんことを謀り種々尽力せしも未だ其時来たらざるにや画餅となりて打過《うちすぎ》居《お》り」と。その後、消防大頭が配下の消防人足等へ、「従来の悪弊を去り成丈品行を良正にすべき様頻りに説すゝめて居る」という（『朝日新聞』一八八一年一月一四日）（原田二）。

被差別部落民の「救済」

松方デフレの下で、被差別部落内部からの部落改善運動の生起と並んで、被差別部落の「救済」策も登場する。その一つに、高岡寓／松本五郎「新平民救済策」（『土陽新聞』一八八四年四月二三日）（原田三）がある。それは、「抑モ我輩カ最モ憫《あわれ》ムヘキノ位置ニ立テル者トナシテ今将《まさ》ニ救済ノ方ヲ講セントスル所ノ種族ハ即チ彼ノ新平民ナリ」とし、その上で被差別部落の起源について、「今其ノ本原ヲ詳《つまびらか》ニスルコト能ハサレドモ（数説アリ帰化ノ民タルノ説最モ信ニ近シ）」と述べて、実態につなげていく。「昔時ヨリ他ノ人民ノ軽侮ヲ被リ穢多ト迄称ヘラレ他ノ人民ト往来婚姻ヲ為スコトヲ得サル而已《のみ》ナラス甚シキハ殆ンド禽獣ヲ見ルト一般ニテ共ニ言語ヲ交ヘサルニ至ル然レドモ是レ固《もと》ヨリ同等ノ人間ナリ其風俗或ハ異ナル所アルモ其天性ニ至テハ毫《ごう》モ異ナル所アラザルナリ」と。起源は朝鮮からの渡来人に求める説が最も信憑性があるとするが、すでにみたような開化派知識人たちと同様、そのことは彼の議論に影響を及ぼすことなく、「同等ノ人間」であり「天性」において異なるところがないということを強調することに力点がおかれている。

しかし彼は、「習慣ハ第二ノ天性ナリ」という「先哲」の言葉を引きながら、被差別部落の人びとも、多年「軽侮」を受け「陵辱」を忍んできたためにそれが習い性となって、「自ラ以テ普通人民ニ及ブベカラス」とし「醜穢ニシテ嫌悪ヲ受クルヲ以テ分ト為セル者」があることを述べる。また、貧窮なるがゆえに始終まわりの人びとに「恵与」を仰がなければならないためになるべく自分の地位を卑下せざるをえず、「実際其位置ヲ昇進スルコトヲ得ザル所以」となってきたとする。それゆえ救済が必要であるとして彼が導き出したのは、屯田兵《とんでんへい》として被差別部落民を北海道に移住させることであった。

松本は、起源にとらわれることなく、あくまで境遇から生じる「習慣」が問題を形成しているとし、それは改変可能であるとの認識に立っていた。しかし、彼が打ち出した救済策は、居住地を離れて北海道に移住することだった。彼自身は、「天性」に差がないことを確信するが、それは、彼自身のそのような信念とは別に、実際に差別の壁を打破することは困難との認識に立っての〝現実主義的〟判断によるものだった。しかしながら、差別やそれによって培われた被差別部落民自身の「習性」を変えることの困難性ゆえに、現状を打ち破る努力は断念される。以後の歴史のなかでも、そのような断念は繰り返されており、ここでもいとも安易に、「日本」の「周縁」または「外部」の地で活躍の場を見出す方策が打ち出されてくるのである。

「日本」の「外部」に進出することに差別からの解放の展望を見出したものに、やや時代は下るが、柳瀬《やなせ》勁介《けいすけ》著（権藤震二補）『社会外の社会穢多非人』（一九〇一年、大学館）がある。

著者の柳瀬勁介は、一八六八年、筑前（現福岡県）植木に生まれ、東京法学院、日本法律学校に学び、部落問題に強い関心を寄せることとなる。それゆえその解決の場を台湾に求めて、自ら台湾総督府の官吏となり現地に赴くが、そこで一八九六年一〇月、赤痢のため死亡した。ここでとりあげる『社会外の社会穢多非人』は、その翌月に友人権藤震二が柳瀬の遺骨と遺稿を持ち帰り、数年を経て刊行の運びとなったものである。権藤が同書に寄せた「亡友遺稿刊行の始末」によれば、柳瀬とは郷塾で交わり、その後東京に出てからも交友を持ち続けた。柳瀬がこの本の原稿執筆に着手したのは一八九三年からと思われるが、一八九〇年の段階ですでに「賤者考」を借覧して写し取っており、そのころから著書執筆の志を立てていたとみられる。彼が部落問題に関心をもつようになったきっかけの一つは、東京法学院で古代法制の沿革を学んだ際に、穢多一人が平民の七分の一の生命に相当するといわれた時代があった*のを知ったことであり、その「発見」を権藤に概然として語ったという。もう一つは、柳瀬の少年の時代、隣邑《となりむら》の被差別部落に小学校が開かれても教師のなり手がおらず、彼が自ら進んで一時それに従事したというその経験にあった。

＊一八五九年に起こった真崎《まつさき》稲荷事件のことで、柳瀬自身が同書第三章のなかで詳しく紹介している。それによれば、江戸山谷真崎稲荷の初午《はつうま》の日に山谷の若者と穢多の間で喧嘩が起こり、穢多身分の一人が死亡したため、弾左衛門（穢多を統括する穢多頭で、そのなかでも抜きん出た地位にあった）が北町奉行に訴えたが取り上げられず、評定所が、穢多の身分は卑賤であり平民の七分の一の価値しかないため、穢多七人を殺した場合でないと平民一人の下手人を出すことはできない、と告げた（柳瀬一九〇一、五四～五頁）。この一件はいかに穢多が軽んじられてきたかということの例証としてしばしば引き合いに出されてきたが、それは柳瀬の著書に拠るものといい、柳瀬が何に依拠して記したかは明らかではない。一方、一八六二年には播磨国で皮多村の者二名が殺される事件があったが、関係者が「穢多共七人殺して我等壱人故……」と放言したという記録があるとされる（「七分の一の命」・部落解放・人権研究所編『部落問題・人権事典』解放出版社、二〇〇一年）。

この本の初稿を脱したのは着手翌年の一八九四年のことで、同年ないしは翌五年に稿を更めた。一八九六年五月、彼は台湾総督府に勤務することとなるが、それは「官事の傍《かたわら》、新平民の為に移住の地を探尋《たんじん》せんと欲せしなり」というものであった。彼は、病床に就いてからもたえず刊行の実現を気にかけていたという。柳瀬が仮につけていた題は『新平民の過去及将来』で、『社会外の社会穢多非人』は、大学館主が発刊の際につけたものであった（柳瀬一九〇一）。

「習慣」が「種族」をつくる

同書の「序」には四人の〝名士〟が寄稿しており、その掲載に際しては、部落問題に心血を注いだ柳瀬の遺志に反しない内容のものが選ばれたにはちがいないが、少なくともそれらは当該時期の部落問題認識の一端をうかがい知るものといえよう。

「序」に寄稿したのは、侯爵近衛篤麿《このえあつまろ》、改進党系のジャーナリストとして知られる島田三郎、洋学者の桑田熊三・中村進午《しんご》の四人であった。彼らの主張に共通するのは、被差別部落民が「異種」であることを肯定するにせよ否定するにせよ、いずれもその点に言及していることである。本文で柳瀬自身が起源に紙幅を割いて論じているため、そのことが議論を誘発した面はむろんあるが、それにしても「人種」のアナロジーによる部落問題理解が、人びとをいかに深くとらえていたかがみてとれよう。

まず近衛は、「欧州に猶太《ユダ》と称する一種族ありて社会の擯斥侮蔑を受くること恰《あたか》も我が新平民の如し、蓋《けだ》し此の種族は他の欧州人と全く其宗教人種を殊にするのみならず、其性又残忍慳貪《けんどん》破廉恥《はれんち》の行多きに由らずむばあらじ」とし、「顧みて我が新平民を看るに、人種に於て必ずしも日本人と同じからざるの特徴なく、宗教に於ても亦日本人の信仰と両立せざるの傾向なく、唯《た》だ数百年間普通日本人と冠婚葬祭相通せざりし結果として、自然に智徳の発達を欠きしものある可しと雖も、嘗《かつ》て先天的悪質の以て治す可らざるものありといふを聞かず」と述べて、「普通日本人」と同じであることを強調する。そうして「故に若し之を教ゆるに其方法を以てせば、彼等は決して日本の廃民に非ざるや無論なり」と問題解決への展望があることを示すが、それ以上は問題を掘り下げてはいない。

つづく島田は、被差別部落の由来についての「事実」は留保した上で、「異種劣族」と見なされてきたことこそが、「異種劣族」をつくり出してきたとする。彼はこのように述べる。「異種劣族と見認められて多年を渉れる者、其結果陥りて殆ど異種劣族と為るに至る、是れ自然の状勢なり、彼の穢多と称せられたる一族久く社会に蔑視せられて、社交を拒絶せられ、教育なく通婚なし、此の如くんば初め同等の人類も、変じて劣等の種族とならざるを得ず」。その上で彼は、「之をして其限域を破り、窟窠《くっそう》を脱せしめんとせば、彼等を自覚せしめざる可からず、又社会の同情を喚起し、以て多年被りたる不利益を補償するの道を開かざる可からざるなり」と、部落民自身の「自覚」と「社会の同情」の必要を説く。この論法は、すでにみた「習慣は第二の天性」であるとする主張と重なりあっており、一つの主流を形づくっていた。

桑田の場合は、「抑《そもそ》モ新平民ナルモノハ普通人民ト其系統ヲ同フセズト雖《いえど》モ幾千載ノ間與《とも》ニ我国土ニ棲息シ與《とも》ニ我王化ニ霑《うるお》ヒ我国民ノ一分子ヲナセリ」とする。すなわち被差別部落民は、「普通人民」と「系統」を異にしているが、王化にうるおい「国民」の一員となってきたのだから平等の処遇を受けるのが当然だというのである。しかしながら、「解放令」後もなお「今ニ至ルマデ我社会外ニ駆逐セラレ一種ノ悲境ニ沈淪」してきたため、「凡ソ新平民ハ其ノ倫理ノ準縄《じゅんじょう》ニ於テ稍々《しょうしょう》普通人民ト異ナルモノアリ其ノ能力ノ発達ニ於テ普通人民ニ劣ルコトアリ」という。しかしながらそうとはいえ、「教化ノ力ヲ藉《か》ツテ之ヲ改良矯正スルコト敢テ難キニ非ラス」と桑田は言い切り、「彼等ハ決シテ教ユ可ラザルノ民ニ非ルコトヲ知ルベシ殊ニ新平民ノ体躯強健能ク労力ニ堪ユルコトハ普通人民ノ企テ及フベキニ非ラズ（中略）要之スルニ余輩ハ新平民ヲ以テ劣等ナル人種ト目スルコトヲ得ザルナリ」という。そうして「新平民の改良」を放置してきた経世家を批判する。

中村も桑田と同様、「所謂賤民ノ制ナルモノハ主トシテ源ヲ外人ノ我国ニ在ル者ノ一部ヲ馭《ぎょ》スルニ発セリ」とするが、「平民」になった以上平等の処遇を受けるのは当然であるとする。

起源についてのこれらの論者の認識はさまざまだが、いずれも問題は、おかれてきた境遇・環境にあるとする点で共通している。しかし、被差別部落民自身の「教化」「自覚」によって改良がどれほど容易であるかという点になると、この四人に限定しても見解は分かれる。差別され排斥されてきた期間を長くみなせばみなすほど、被差別部落という集団は、その集団に固有の特徴を備えた「種族」を形成しているという主張に結びついていくのであり、「種族」の内実も、生物学的な特徴を兼ね備えた「人種」に接近していくことになるのである。

ことに、「普通人民」との間に「能力ノ発達」の劣る点があることを見出す桑田は、その反面、「体躯強健」を強調する。この点は、アメリカ社会において、「精神対肉体、知力対体力」という二元論のもとで、アフリカ系アメリカ人の肉体的優越を承認し、「黒人アスレティズム」をつくり出してきたことと相通ずる。それはやはり、その代償として「黒人」の知的・精神的劣等を強調することでもあった〔ホバマン二〇〇六、「訳者解説」〕。

大日本帝国が版図拡大に向けて大きく舵を取り始めた当該時期にあって、被差別部落民の場合は、肉体的に強健であるという表象が、その一端を担うという役割への期待につながっていくのであり、以下にみる柳瀬の場合も、そのような見方から自由ではなかったと考えられる。

社会外の社会

柳瀬の著書『社会外の社会穢多非人』の構成は、「緒言」にはじまって、第一章　ゑたの名称、第二章　ゑたの起源、第三章　ゑたの情態、第四章　ゑた擯斥の原因、第五章　救済策、となっている。

「緒言」ではまず、「現時我邦の社会に於て新平民と称せらるゝもの程世にも不幸なる種族はあらじ彼等は以前穢多と呼はれ賤侮軽蔑其極に達しては殆んど人類にあらさるものゝ如く待遇せられ、其境遇の悲惨なる恰かも阿弗利加《アフリカ》、亜米利加《アメリカ》に於ける黒奴に似たるものありき」という「情態」を明らかにする。そのあと、被差別部落民の起源について、「彼のゑたと称せられし者の祖先を繹《たず》ぬるに元と屠殺を業とせる餌取なる者のみ、中古仏教の東漸して我邦に伝はるや盛んに上下の間に行はれて殺生の禁断、觸穢《しょくえ》の禁忌《きんき》等、風俗の変遷を生し、肉を屠《ほふ》り皮を剥く者は之を賤しみ之を斥け終に穢多と名つけて社会の階級の最下層に排擠《はいさい》したりき」との大まかな結論を述べる。そのうえで、彼は次のようにいう。

ゑたと称せられたるもの元と吾人と同胞の民、彼等を平民席に編入したる素より当《ま》さに然るへきのみ、決して人外のものを人類に進めたるにあらす、又天然の無能力者に吾人と同等の地位を得せしめたるにもあらす、唯々往古仏教迷信の時代に於て彼等を人外視したる陋習を打破せられたるのみ、されば世間誤解の徒宜しく悔悟一番深く彼等過去永劫の淪落《りんらく》を憐れみ且つ自己及び自己の祖先の誤信を謝し又同胞の進運を賀すへきに、世間の実際に就て観れは正しく之れと反対の情況を顕はし啻《ただ》に頑然として其旧名を呼ふのみならず　剰《あまつさ》へ新平民なる熟字を案出して之を嘲弄するもの比々皆然りとす

彼は、江戸時代も「往古仏教迷信の時代」の陋習に従って「人外視」してきたのは不当であり、「解放令」はそれを正常な状態に戻すものであったとの理解に立つ。にもかかわらず、「新平民なる熟字」まで考え出して被差別部落民を「嘲弄」する現実に彼はいっそう憤りを強くするのである。すなわち、穢多が七分の一の生命という扱いを受けたという江戸時代の話を聞いて悲憤慷慨した、そのときの問題意識がそのまま貫かれているといえよう。

彼は、「彼等の歴史を詮索し以為《おもえ》らく其祖先と其擯斥の由来とを顕彰せは亦以て彼等の冤《えん》を雪《すす》き枉《おう》

を伸ふるの一端ともなるへし」と考えて、穢多の名称にはじまり、詳細な研究をまとめていく。そうした情報をできるだけ詳細に提供することにより、「読む者をして其彼等に対する迷想を覚醒し又彼等奮励の一助ともなる」ことを願ってのことであった。

「第二章　ゑたの起源」では、餌取を上に、以下、上古ノ俘、征韓ノ俘、蝦夷征討ノ俘、戦乱時代ノ俘、太閤征韓ノ俘、落魄、犯罪、雑種をあげ、最後に穢多の順で図示されており、「今之れを水流に喩《たと》えへて説かん、「ゑた」といへる団体を海として其諸原因を水源と仮定せば其本源は実に「餌取」に在りといえども中流に於て俘虜、降服、落魄等の諸水流と合し終に穢多と称する海とはなれるなり」と記す。

ここに明らかなように、柳瀬は渡来人の系譜をひく者が一部混じっていることを否定してはいない。しかし、「第四章　ゑた擯斥の原因」において、「ゑたを擯斥する者の言に曰くゑたは本来日本人に非ず他邦より渡来せし者なるが故なりと外来人は何故に之を賤しむべきか何故に之を擯斥せさるへからさる乎我《か》其故を知らさるはなり蓋《けだ》し我日本民族の起源に遡《さかのぼ》りて考究するも太古の民は初期より此邦に住みしものなるか、将た外国より渡来せし者かは人種学上に於ける一個の疑問にして諸説紛々未た統一するに至らさる所なり」と述べるように、日本民族の起源自体が曖昧ななかにあって、穢多の祖先が渡来人であるか否かは問題にならないとする立場をとった。彼はいう。

而して此外来の民の子孫にして朝に仕へて栄貴を荷ひ野に処して豪族となりしは其例少なからす

若しゑたか外来の民たるの故を以て之を擯斥すへしとせは蓋し全国一人も擯斥せられさるへからさるに至るへし、説者の言は考量を欠くの譏《そしり》を免れさるなり

ちなみに柳瀬は、「高天原人種に就ても未た定説なく其中最も勢力ある二説」として蒙古人種説と馬来人種説をあげ、さらに日本人種は蒙古人種と馬来人種の混和したものという第三の説も紹介している。

では、このような認識を前提に、どのような救済策が提示されているのか。柳瀬によれば、すでに「新平民たる彼等種族か社会に擯斥せられたる原因」が取り除かれたにもかかわらず、依然「擯斥」を受けるのは次の理由による。すなわち、「彼等種族か著しく普通の人民よりも乱れ、彼等の智識か著しく普通の人民よりも少なく、彼等の品格か著しく普通の人民よりも下《ひく》きに由ると、亦た一には多年の習慣に依り社会は彼等を擯斥するを暴慢と思惟せず、彼等も社会に擯斥せらるゝを卑屈と感覚せざるとに帰すべきなり」。彼もまた、「擯斥」の「多年の習慣」によって、「普通の人民」に劣る「種族」が形成されてしまったとする。しかし、彼がわざわざ起源を詳述したのも、それが〝先天的な〟「人種」の違いによるものではないということを明らかにするためであり、「習慣」を改めることによる改変可能性を見出していることにはちがいない。それゆえにこそ、「第五章　救済策」が設けられ、それは、「（第一）道徳智識品格を高むること」と、「（第二）擯斥の習慣を去る事」の二項目から組み立てられる。

前者ではさらに、（い）新平民部落の布教（ろ）慈善小学校の設立（は）新平民救護会の設立、の三つの具体策を提示する。とりわけ資力に乏しく、かつたとえ資力があっても「生徒間に於る擯斥」ゆえに修学の機会を阻まれているという指摘は、柳瀬が部落問題により深く迫りえていたことの一端を示していよう。彼は、「彼等か道徳心は極て薄弱なり」との指摘も行うが、「これ彼等の罪と謂んよりは宗教家の罪と謂ふべし」として、被差別部落の人びとが屠獣などに従事していることを理由に、宗教家たちが迫害してきたことを批判しており、被差別部落民の生得的な性質と見なしていたわけではない。しかしながらのちにも述べるように、柳瀬のそのような意図を離れて、彼が指摘した、道徳心が薄弱であるという「実態」のみが一人歩きしていくことにもなるのである。

次いで「(第二)擯斥の習慣を去る事」では、彼は冒頭、「習慣は第二の天性といへり」という言葉を引き、このようにいう。

社会が彼等を擯斥して敢て暴慢を感せざるも、彼等か社会に擯斥せられて敢て卑屈と感せざるも基本を質せば多年の習慣にして、新平民が現に社会に陵辱せらるゝ大原因なり、習慣の事なれば多年積成して此に至りたるものにして、一朝一夕の法律や歴史を以て作られたるものにあらず、随て此習慣を去るもの先つ多年の日月を費すを忘るべからず

ここには、差別する社会の側、被差別当事者、ともに「多年の習慣」によって現状を打破しがたい状態にあることへの諦念が示されている。

しかし、彼はそこでとどまることなく、「然れども多年の月日を費やさすして、此習慣を去るべき方法亦た之なきにあらす吾輩之を思ふこと多日斯に一大方法を得たり、此方法は啻に擯斥の習慣を去るといふのみならず、総《すべ》て新平民と等しき（社会より虐待せられる）境遇にあるもの、取るべき唯一上の針路にして、亦た最も行はれ易きもの也」と述べて、「住居（或は部落）の移転即ち是なり」との提案を行う。それを具体的にみよう。

現下の形勢を察するに戦勝の結果として台湾一島は我か版図に入り、我か民族を播殖すべき地歩を占めたり、是れ吾輩の望を嘱《しょく》する所にして、幸に適当なる区画を得て年々二三村落若くは五六村落を移住せしめば、彼等か救済を得るは勿論、国家も亦た之に依て南門の鎖鑰《さりん》に用る所あるべし

既存の居住圏内での差別解消への断念に加えて、移住先を植民地台湾に見出したことは、彼自身の「彼等か救済を得るは勿論、国家も亦た之に依て南門の鎖鑰に用る所あるべし」という文言にも示されているとおり、小熊英二が坪井正五郎や内村鑑三らキリスト教知識人等のアイヌ救済のための海外進出論について指摘している、「マイノリティの存在を認めさせるために、キリスト者やアイヌのようなマイノリティも国家に貢献できることを強調し、国家の膨張という国体論者も反論できない論理を用いた」〔小熊一九九五〕という側面があったことを示している。

それとともに、すでに桑田熊三の主張に見たような、ことのほか身体能力の優越性を見出す傾向が

柳瀬の場合にも見て取れ――むしろ桑田が柳瀬の原稿を読んでそれに影響されたのではないかと考えられる――、そのことが「南門の鎖鑰に用る」という発想につながったことは否定できない。当時の政府は、国防重視の観点から、台湾原住民をむしろ島外へ移し、台湾への日本人の植民を進めることを考えており〔小熊一九九八〕、彼らの提案はその一貫を被差別部落民に担わせようとするものであった。

第三章の「第四節　ゑたの人口及其繁殖」のなかで、次のように記されている。「ゑたは体力骨格共に卓然平民に超へ強健殆んと類なきに似たり其繁殖も亦之に従かひ人口盛んに増殖するか如し」。境遇の似たユダヤ人は「警察官の圧制」と「一般人民の嫌悪」によって人口減少を来しているにもかかわらず、被差別部落民の場合は、同様の条件にありながら人口はかえって増加しており、「実に侮とる可からさるの人種なり」と彼はいう。

これまでにも繰り返し述べてきたように、柳瀬においては、外国人であるか日本人であるかは、賤視が正当化されるか否かとはまったく無関係であった。そうして、当該時期の問題を形作っている要因も、「人種」ではなく「多年の習慣」に求められた。しかしながらそれにもかかわらず、「多年の習慣」のもたらした結果が、「人種」と酷似したものになっているのである。それは、彼が部落民「救済」の方途を移住にしか見いだせなかったことと結びついており、「擯斥の習慣」が実は「人種」と同様に改変困難なものと考えられていたことを示している。そして柳瀬自身も、先に示したように「種族」あるいは「人種」という用語を使っている。

ちなみに、次章で述べる三重県『特種部落改善の梗概』(一九〇七年)は、柳瀬のこの著書と構成や内容が驚くほど似通っている。その記載内容の異同をはじめとする詳細は次章にゆずるが、身を挺して部落問題解決に向かうその柳瀬の主観的意図と、三重県をはじめとする権力機関との間には大きな隔たりがあったにも関わらず、後者によって人種主義が広められていく上に、柳瀬の著書が重要な役割を果たしたことの意味が問われなければならない。

low class と high class の「新平民」——島崎藤村『破戒』

このような人種主義を伴った部落問題のありようは、一九〇六年に刊行された島崎藤村の小説『破戒』のなかに顕著に見てとれる。この作品に見え隠れする人種主義はほかならぬ藤村自身が保持していたものであり、かつまた、当時の社会に実在していたものを藤村自身が描き出したものであった。作品中でも藤村自ら部落問題を、「人種問題」「人種の偏執」と称している。*

＊主人公の瀬川丑松《うしまつ》にのしかかったこのような部落差別のありようが現実のものであったことは、藤村が丑松のモデルとした実在の人物が明らかになっていることからも見てとれる。そのモデルは、一八六八年長野県下伊那郡伊賀良村に生まれ、一九〇二年に世を去った大江礒吉《いそきち》という人物であり、荒木謙の研究に詳しい〔荒木一九九六〕。それによれば、大江は一八八一年飯田小学校を成績優等で卒業し、同校の助教諭心得(代用教員)

に迎えられたが、被差別部落の「生まれ」ゆえに周囲から、彼を排斥するための当局への抗議行動が起こり、教壇を去る。翌年、ちょうどその年に設立された飯田中学校（現在の県立飯田高等学校）に進み、さらに長野県立尋常師範学校に進学して、これも彼は優秀な成績で卒業している。そうして一八八六年、大江は諏訪郡平野小学校に赴任するが、ここでもまもなく彼の「素性」が明らかとなり、職員の間でそれが問題にされ、さらには保護者や地域社会からも排斥運動が起こったという。彼は着任後わずか七日で学校を追われ、県に出仕となった。さらにそのときの師範学校長のはからいで一時尋常師範学校で教壇に立ったのち、一八八八年高等師範学校に入学する。卒業後母校の師範学校に復帰するが、有能な大江に対するねたみとないまぜになってふたたび排斥運動が起こり、一八九三年大阪府立尋常師範学校（現在の大阪教育大学）に転出した。しかしまたもや今度は生徒によって「素性」が暴かれ、一八九五年、師範学校の先輩が校長をしていた鳥取県尋常師範学校に移ることとなった。ここで大江は着任に際して、「我は穢多なり」と公言したともいわれている。しかし、新たに赴任してきた校長と対立して一九〇〇年に休職処分を命ぜられ、翌年に兵庫県柏原《かいばら》中学校の校長となるが、一九〇二年、三五歳にして病死した。藤村は、そのような大江について、「其人に私は会つた事はないが、新平民としては異数な人で、彼様《あゝ》云ふ階級の中から其《そ》様な人物の生れたといふことが、ひどく私の心を動かした」と記している〔島崎一九〇六〕。ちなみに部落出身であるがゆえに教壇を追われるというのは別段まれなことではなく、一九二〇年代末に融和団体が行った部落問題の実態調査でも、そうした体験はいくつか散見される〔黒川二〇〇三〕。

大日向《おおひなた》という名の「大尽《だいじん》」（富豪）が被差別部落出身ゆえに入院先の病院を追われ、下宿をも追放されるという冒頭の場面で、著者の藤村はそれを「人種の偏執」によるものと説明する。大日向に浴びせられるのは「不浄だ、不浄だ」という罵詈であり、それを目の当たりにする丑松について、「穢多の種族の悲惨な運命を思いつづけた——丑松もまた穢多なのである」と記される。すでにここには、日本の近代社会が被差別部落の人びとに与えてきた差別の徴《しるし》、差別のありようの核心的な部分が出そろっている。言葉の意味はのちに問うとして、「人種」「種族」と表現される〝生まれ〟に因る差異が前提となっており、渡部直己も指摘するように〔渡部一九九四〕、それが不可視であるからこそ「不浄」という徴を与えて被差別部落民を表象するのである。しかも〝部落民〟はいかに資産家となってもその徴を拭い去ることはできない。

2　島崎藤村

「不浄」というのみにとどまらず、とりわけ次の二つの場面では、被差別部落民がはた目に歴然と判る身体上の特色＝徴をもったものとして表象されている。

〈場面1〉

校長は嘆息して、「しかし、驚ろいたねえ。瀬川君が穢多《えた》だなぞとは、夢にも思わなかった。」

「実際、私も意外でした。」

「見給え、彼《あ》の容貌《ようぼう》を。皮膚といい、骨格といい、別にそんな賤民《せんみん》らしいところがあるとも思われないじゃないか。」

「ですから世間の人が欺《だま》されていたんでしょう。」

「そうですかねぇ。解らないものさねぇ。ちょっと見たところでは、どうしてもそんな風に受取れないがねぇ。」


〈場面2〉

「そんなら、君、あの瀬川丑松という男に何処か穢多らしい特色があるかい。先ず、それからして聞こう。」

と銀之助は方を動《ゆす》った。（中略）

「穢多には一種特別な臭気《におい》があると言うじゃないか——嗅《か》いでみたら解るだろう。」と尋常一年の教師は混返すようにして笑った。

「馬鹿なことを言給え。」と銀之助も笑って、「僕だっていくらも新平民を見た。あの皮膚の色からして、ふつうの人間とは違っていらあね。そりゃあ、もう、新平民か新平民でないかは容貌《かおつき》で解る。それに君、社会《よのなか》から度外《のけもの》にされているんだから、性質が非常に僻《ひが》んでいるサ、まあ、新平民の中から男らしい毅然《しっかり》した青年なぞの産まれようがない。どうしてあんな手合《てあい》が学問という方面に頭を擡《もちあ》げられるのか、それから推《お》したって、瀬川君のことは解りそうなものじゃないか」。

「土屋君、そんなら彼《あ》の猪子蓮太郎《いのこれんたろう》という先生はどうしたものだ。」と文平は嘲《あざけ》るように言った。

「ナニ、猪子蓮太郎？」と銀之助は言淀んで、「彼《あ》の先生は――彼《あれ》は例外さ。」

「それ見給え。それなら瀬川君だっても例外だろう――はははは。はははは。」

と準教員は手を拍《う》って笑った。聞いている教員たちも一緒になって笑わずにいられなかったのである。


（ルビは原文のまま　一九五七年一刷、二〇〇四年改版第四刷、岩波文庫）

この二つの会話の場面で共通しているのは、おおかたの被差別部落民は、容貌、皮膚の色、骨格、といった外観上の徴を有するという認識である。それに対して、そのような徴を持ち合わせていない、すなわちはた目には判らない部落民が存在するということである。後者の部落民を代表するのが瀬川丑松であり猪子蓮太郎なのだ。そうした徴をもたない丑松は〝部落民〟でありえない、との見解も示される。にもかかわらず、部落民であるはずの丑松になにかそれらしいところを見出そうとして物語は展開していくのであり、〝部落民〟に見いだされる徴は執拗である。部落民の典型は、屠牛場で働く人びと、すなわち「下層の新平民」にありがちな様として描き出しながら、次のように記される。

持主に導かれて、二人は黒い門を入った。内《なか》に庭を隔てて、北は検査室、東が屠殺の小屋である。年の頃五十余のでっぷり肥った男が人々の指図《さしず》をしていたが、その老練な、愛嬌のある物の言振《いいぶり》で、屠手《としゅ》の頭《かしら》ということは知れた。屠手として是処《ここ》に使役《つか》われている装丁《わかもの》は十人ばかり、いずれ紛《まが》いのない新平民――殊《こと》に卑賤《いや》しい手合《てあい》と見えて、特色のある皮膚の色が明白《ありあり》と目につく。一人一人の赤ら顔には、烙印《やきがね》が押当ててあると言ってもよい。中には下層の新平民に克《よ》くある愚鈍な目付をしながらこちらを振返るもあり、中には畏縮《いじけ》た、兢々《おずおず》とした様子して盗《ぬす》むように客を眺めるもある。

（同上書）

このような部落民の二分類は、藤村自身が堅固に持ち合わせていた認識であった。『破戒』とほぼ同時期に書かれた「山国の新平民」と題するエッセイのなかで、藤村は、「新平民」は「high class」と「low class」に分かれるとして、それらをこのように説明する。

「high class」すなわち「開化した方」は、「容貌《かおつき》も性癖も言葉づかひなぞも凡《すべ》ての事が殆んど吾々と変る所はない」。これに該当するのが、作品中の瀬川丑松であり猪子蓮太郎にほかならない。それに対して、「low class」は「開化しない方」の「新平民」で、「容貌の何となく粗野で、吾儕《われわれ》の恥かしいと思ふことを別に恥かしいとも思はない風である。顔の骨格なぞも吾儕と違つて居るやうに見える。殊に著しいのは皮膚の色の違つて居る事だ。他の種族と結婚しない、中には極端な同族結婚をするところからして、一種の皮膚病でも蔓延して居るのではないかと思はれる」（島崎一九〇六）と述べる。ここでも、「開化」すなわち「文明化」という基準が重要な要素となっていることが見てとれる。すなわち、「開化」を遂げれば、少なくとも外観上の徴は取り去られることになるのだ。

藤村のこのような部落民観は、自分自身の信州での実体験に根ざしたものであることが、後年のエッセイのなかで吐露されている。やや長くなるが、該当部分を引用しよう。


小諸の町から岩村田町の方角へ向って旧い街道を行きますと、蛇堀川《じゃぼりがわ》という川を隔てた処に部落の一つがありました。そこへもよく歩き回りに行って、そこで行き違う男や年寄りや子供なぞの間に時を送ってみたばかりでなく、通称弥衛門という部落のお頭の家を訪ねてみる機会がありました。この弥衛門という人に逢ったということが、自分の『破戒』を書こうという気持ちを固めさせ、安心してああいうものを書かせる気持を私に与えたのでした。それほど私は深い、好い印象をその人から受けたのです。（中略）あの山国に部落民が他と異った家族の組立て方や、信州上田町在の秋葉村には最も古い歴史のある部落民の家族が住んでいることや、そのほか部落民の間に残っている親鸞についての伝説、そんなことを色々と私に話してくれたのもその人でした。

それから私のいた小諸から見ると烏帽子山麓の方へ寄った方に住む部落民の方へも尋ねていって、麻裏を作ることを戸毎に副業としている人達へも入ってみたことがありました。（島崎藤村

「眼醒めるたものの悲しみ」・『読売新聞』一九二三年四月四日）〔沖浦一九九一〕

すなわち、ふたたび藤村の二分類と重ね合わせるならば、弥衛門が high class の、そして「烏帽子山麓の方へ寄った方に住む部落民」が low class の部落民ということになろう。さらに彼は、『破戒』執筆後も、「注意すればするほど、部落民の特色も解ってきたし、それから七年も山の上で暮す間には、通りすがりの男や女の中でも部落民を識別することができるようになりました。そんなことに気がつかなければ少しも解らないような微細な特色なぞが眼につくようになったのでした」と記しており（同上）、部落民には徴があり、識別が可能であるということに、ますます確信を深めていったのである。

ここで重要なことは、藤村が「文明化」した high class の「新平民」には外観上の徴を見出していない点である。その理解に則るならば、「文明化」すれば顔つきが変わる、すなわち生物学的違いも消失するということになるはずである。それは一面で、先にみた柳瀬頸介らの拠って立つ見解とも共通するものをもっている。柳瀬は、容貌にまでは触れていないが、積年の習慣がある特徴を兼ね備えた「種族」という集団をつくり出すとしており、藤村においても「文明化」に要する時間の幅について言及されてはいないが、おそらく長期的なものであろう。とするならば、藤村は「人種問題」と称しながらも、その「人種」たるや、「文明化」の程度の差による「積年の習慣」によって形作られたものと考えていたとも解釈しえよう。「文明化」することで顔つきが変わるのであれば、「文明化」により被差別部落民の「内部化」が可能なのか、との問いを発したくなるが、藤村にあっても、「文明化」自体が短いパースペクティブで達成可能なほどに容易なこととは考えられていないのであろう。

そうして、「文明化」しているはずの丑松にさえ、「部落民」という集団のカテゴリーでとらえられるがゆえに、「身の素性」と表現される差別の壁がたちはだかる。「身の素性」は作品中のキーワードの一つであり、それは作品中で、当人がいかに努力し有能であろうとも消すことのできないものとして機能している。それゆえ丑松は、「素性」を隠していたこととともに、そもそも「学問という方面に頭を擡げられるはずのない」部落民でありながら教壇に立ってきたことそれ自体を詫びなければならなかったのであり、東京を経てゆくゆくはテキサスに移民するものとして読まれてきた。ただし、虚心坦懐に読み直してみると、大日向のテキサス移民の誘いを丑松が承けたという記述はどこにもなく、丑松はテキサスには行かなかったのではないかと思われるが、テキサス移民の有無がどうであれ、『破戒』の結末は、「部落民」というその障壁の高さを物語るものとなっている。

第二章

もう一つの「人種」

1　被差別部落の〈発見〉

犯罪の温床というまなざし／「種族」という境界

『破戒』が刊行されてまもなく、内務省が全国の農村を対象に展開した地方改良運動と称する国民統合政策のもとで、被差別部落は、その〝障害〟となる地域として〈発見〉されることとなる。以下に述べるように、その〈発見〉のされ方は、犯罪の温床であり、「最悪の難村」という〝地域〟としてであった。そうしてそこに貫徹しているのは、「はじめに」述べた人種主義《レイシズム》の三つのありよう、すなわち①まさに起源論の観点から「異種」であるとする人種論に立脚するもので、生物学的差異を前提とする、②容貌や性情などを徴表にして成立しているもので、しばしば①の人種論と結びつけながら説かれる、③遺伝論とは乖離させて、文化や暮らし方などの文化的特徴に差異を見出す――いわゆる新人種主義《ネオレイシズム》、のすべてを含むものであり、地方改良運動時は、そうした人種主義が最も顕著に現れた時期の一つであった。それに大きな影響を及ぼしたのが、内務省の政策の先駆けとなった三重県の指導者竹葉寅一郎と、内務省の部落改善政策の推進者留岡幸助であった。

地方改良運動は、日露戦争後の帝国主義列強間の競争に打ち克つために、相次ぐ増税で疲弊した町村財政をたて直し、国家主義思想を注入して、物心両面から国家を支える地方基盤を鞏固にすることを意図した。第二次桂内閣のもとで、一九〇八年の戊申《ぼしん》詔書の渙発に次いで翌一九〇九年から実施され、具体的には、部落有財産の統一、神社合祀、町村統一青年会の結成、小学校の就学・出席奨励・義務教育年限の延長、報徳主義の導入などが行われた。

三重県では、一九〇四年一一月から一九〇八年七月まで知事を務めた警察官僚有松英義の下で、内務省に先んじて部落改善政策が着手され、一九〇五年五月より、キリスト者で慈善事業を志す竹葉寅一郎という人物を県の吏員に採用して、県下の被差別部落調査が開始されていく。三重県のこの政策は、全国の先駆であることに加えて、実績のあがった「模範」として報じられ、近隣県などからも視察者が訪れて、三重県をモデルに一九〇七年に内務省が着手し、全国各府県でも内務省の督励を受けて翌年から部落改善政策が展開されていった〔黒川一九九九〕〔黒川二〇〇三〕。

3　竹葉寅一郎

三重県が部落改善政策を行うに当たって作成した冊子が、三重県第一部『特種部落改善の梗概』（一九〇七年）であった。被差別部落に対する「特種部落」という呼称は、すでにこれより以前に奈良県で用いられていたが〔小島一九九六〕、流布していった契機は、この冊子の発刊であった。すなわち三重県を模範とするなかで、「特種部落」（「特殊部落」も用いられた）という呼称もまた受容されていったのだといえよう。

ちなみに、この呼称が使われるようになった経緯について、留岡幸助は、「新しく出来た平民でありますから、丁度新しい華族が出来ると新華族といふ様に誰いふとなく新平民といふやうになつたのであります。で新といふ字が加はつた為めに大変それが侮蔑の意味になりまして、どうもさいうふ新など、いふ字を付けるのはいかぬといふので、誰が付けたのか知りませぬが、特殊といふ字を用ゐる様になつたのであります」と述べている（留岡「細民部落改善の概要」・『警察協会雑誌』第一四五号、一九一二年六月）。また喜田貞吉は、一九一九年に、「もとは「特種部落」と書いたそうであるが、必ずしも種族を異にするといふ訳でもなく、徒《いたず》らに彼等の悪感を生ぜしむるのみであるといふので、文字を「特殊」と改めたと聞いた」と記している（「「特殊部落」と云ふ名称に就て」・『民族と歴史』第二巻第一号、一九一九年七月）。当時からすでに「特種」にはそうした「異種」という意味合いが込められていたとも考えられよう。*

*ただちに「特種部落」の呼称が広まったわけではなく、和歌山県では、一九〇七年二月四日付けで海草郡役所から西和佐村に発せられた公文書に、「世俗『新平民』ニ対スル調査ノ件通牒」とあり、それは和歌山県ないしは内務省からのものであるらしい〔和歌山の部落史編纂会二〇一五〕。このように、「新平民」の呼称も行政当

局によって用いられていたのである。

『特種部落改善の梗概』の冒頭でも、事務嘱託員すなわち竹葉の「昼夜肝胆を砕きて事に従ひ亦自ら家庭学校を設け其妻をして教養の任に当らしめ尚《な》ほ部落に特別の善行者又は貧困者ある場合は私財を惜ます之を賞与し且救助する等」の「熱誠慈撫」によって、改善政策を施行してからまだ日が浅いにもかかわらず、すでに修学歩合の増加、青年夜学会の開設、婦人会または児女会の設置、部落改良団体の組織、入浴の励行、共同浴場の設置をはじめ、言語風俗、職業の改善が最も著しい成果を挙げていることが紹介されている。ことに「部落に最も多かりし犯罪」の数が減少しており、数年を経過すれば「完全に改善の実を挙け得」るとの見通しを示し、残る目下の課題はトラホームの治療だとして、成果の著しいことを強調している。

ここにも明らかなように、そもそも部落改善政策開始の前提となる被差別部落の「発見」は、一つには犯罪の温床という観点からなされたものであった。

三重県がいち早く部落改善政策に着手したのは、知事有松の存在が大きかった。有松は、かつて内務官僚を中心に組織されていた貧民研究会にも属しており、山県有朋系の警察官僚としての立場から、貧民問題や部落問題にも関心を寄せていた人物であった。ところが一九〇四年一一月、時の内相芳川顕正《よしかわあきまさ》との不和によって、警保局長から三重県知事に転出したのであった〔黒川一九八六〕。

有松は、一九〇六年一〇月一六日、三重県度会郡四郷《しごう》村の被差別部落に立ち寄り、部落民衆を前にして講話を行った。そこで彼は、被差別部落の人びとは同等の選挙権を有し兵役の義務を果たして「国家の大事」に尽くしているにもかかわらず、差別されるのは不幸なことだとしつつも、「一面統計の上に於て比較的此部落に犯罪者の多きが為めに勢ひ社会の警視を免れざるなり」と述べている（『牟婁新報』一九〇六年一〇月二七日）。また有松が知事を辞めてのち、ふたたび警保局長に就いたときに書かれた、次のような記事もある。

現警保局長有松英義氏は有名なる穢多村改善論者にして多年熱心に之れが研究しつヽあり、有松氏が曩《さき》に三重県知事たりし頃、県下各警察署を巡視して重犯者の性質を調べたる処が驚くべし諸種の重犯者中九分九厘迄は新平民なりしを以て治県上深く茲《ここ》に留意、氏は一計を回《めぐ》らし基督教の牧師竹葉寅一郎氏を招聘《しょうへい》し宗教の力に依て改善せんと試みたり。（『中外日報』一九〇八年一二月八日）〔原田四〕

これらから、有松が犯罪の多発という観点から部落問題に着目するにいたったことが明らかである。

それは、同時期に有松の下で竹葉寅一郎が、国児学園という感化院を津市に創設し、その初代園長に就任して「不良少年」の教化に努めたことにも如実に示されている。国児学園開園は一九〇八年一〇月であり、その直前に有松は三重県を去っているが、有松の知事時代に用地の選定に着手しており〔国児学園一九九八〕、有松の意向が反映されていたことが明らかである〔黒川二〇〇三〕。

国児学園開園後は、全国各地からの視察者が相次いだ。一九〇九年には内務省から留岡幸助・生江孝之が訪れており、翌一〇年にも、ふたたび内務省警保局長となっていた有松英義、地方局長床次竹《とこなみたけ》二郎《じろう》が来訪し、翌一一年には当時法制局書記官であった柳田国男（原文には邦男と誤記されている）や中央慈善協会幹事原胤昭《はらたねあき》らも訪問した（国児学園『記録』）。このように国児学園は、部落改善政策とならんで感化事業の模範例として全国の注目を集めており、犯罪防止というねらいが、この二つの事業をつないでいたことが浮かび上がってくる。園児のなかには被差別部落出身者も含まれていたとみられ、『退園者名簿』や入園者個々人の経歴を記した『経歴簿』に、しばしば「特種部落民」「特殊部民」などの徴《しるし》がつけられていた。「不良少年」についても、常に被差別部落との結びつきを注視していたことが見てとれよう。

『特種部落改善の梗概』の冒頭には、「此事業に就ては警察官を督励し事に従はしめなるも事業の性質として警察官のみにては到底其目的を達し難きを以て更に之か専任機関を設くるの必要を認めて其方法を講せり」と記されており、警察官の指導とそれを効果的に浸透させるための補助機関として改善団体を設置すること、が謳われている。それは、一八九七年に「巡査配置勤務概則」が制定されて、警察行政が集中主義から地方分散主義へと方針を転じたことに対応するものであった。それに伴い巡査は管轄内の民衆の生活に密着してその指導・監視を行うこととなり、特に貧民や被差別部落の人びとへの注視を促すことにつながったと考えられる。三重県では、一八九八年に「巡査配置及勤務規定」を制定し、翌九九年四月より施行された〔三重県警察一九六五〕。

とくに注目を引くのは、この冊子に「前科者」という項目が設けられていることである。この冊子が柳瀬勁介『社会外の社会穢多非人』を参照して書かれたものであることは先にも述べたが、「前科者」という項目立てはそもそも柳瀬の著書にはなかったものであり、当該時期に見出された被差別部落の徴表にほかならなかった。他の項目は一頁足らずの記載で終わっているのに対してこの項目のみが四頁半にわたって詳述されており、犯罪の問題が部落改善政策を行う上でいかに重要な動機付けになっていたかがわかる。その叙述は、自らとは別世界に生きる「他者」に注ぐ眼差しによるものでしかない。

この種族は社会の外に孤立して道徳の何たるを知らす特に慨ね懶惰《らんだ》にして頗《すこぶ》る賭博を好み偏曲の性情より不正より団結心強く三々五々時に隊を為して良家を荒らすや金品は素より鍋釜米盥《たらい》をも窃取し神社仏閣の賽銭は勿論嗽水盥《そうすいかん》に備へある手拭及石地蔵に纏《まと》ひある胸掛け幟《のぼり》をも奪ひ又野外の農作物は勿論官私の山林を盗伐するのみならす人を傷け罪人を掩護《えんご》して巡査に抗し実に所在法を犯す然も出没隠現の巧妙なる生蕃に酷似するものありて悉く検挙する事を得さりしも其投檻したる者他に比して著しく其数及罪名犯数区分表乃ち左の如し（傍点——引用者）

そうして、それらの統計が表にして示される。

「備考欄」には、「犯罪人多しと雖《いえども》要するに此等は古来普通人と冠婚葬祭相通せさりし結果として自然に知徳の発達を欠きし者なれは決して先天的悪質の以て治すへからさる者と云ふ可からす」とした上で、「国家普通民の犯罪者増加の現実あるに拘はらす此種族の犯人は却て反対に著しく減退しつ、あるは実に国家の為に慶す可き事ならすや」と、政策着手から一年にして成果が上がっていることが誇示されている。＊

＊この冊子の「増補再版」が、最初の版を出した一九〇七年三月から九ヵ月後の一九〇七年一二月に出されており（松田京子氏のご教示による）、両者の間に大きな変化はないが、新たにつけ加わったのは、「前科者」に関する箇所である。「前科者及び犯数」が郡別に記されるようになったことと、「受刑特種部民在監表」に一九〇七年八月のデータが付け加わったこと、さらには「普通民ト特種部民ノ受刑者対照表」にも一九〇六年九月から一九〇七年八月までの数字も加えられた。「受刑特種部民在監表」の後に「備考」と称して、「前年に比するに四犯以下に於て十四、五犯以上に於て前々年に比較すれは四犯以下に於いて二十七、五犯以上に於ては二十二の減少を見る」とあることに示されるように、いかに犯罪減少に効果を上げげたかを強調する意図でもって、「増補再版」が作られたことがわかる。それはほかならぬ、犯罪が部落改善の主要な眼目であったことも物語っている。

ここでは、改善の成果を宣伝するために、被差別部落民に改善可能性を見出す必要があり、それには「先天的」なものより長年の「普通人」との隔絶による「知徳の発達」の差で説明する方が得策であった。しかしそれは諸刃の剣であり、改善が可能であることをいうのに好都合である一方、それが長年の積み重ねによるものであることを強調することによって、いかんともしがたいものと読み解くことも十分に可能なのであり、これまでに見てきたように、往々にしてそれに起因するとされる「実態」が侮蔑の要因となっているのである。

そもそも台湾や、そしてまもなく植民地となる朝鮮に対しても、そこに明確な「人種」の差を見出せず、たとえば原敬が台湾と日本との「人種的差異」を僅少とみなしていたように〔小熊一九九八〕、日本の統治を正当化する論理として「人種」はさほど有効ではなかった。とすればそれに代わるものは、「知徳の発達」と表現されるようないわゆる「文明化」という物差しであり、台湾や朝鮮、そして被差別部落に対して共通に用いられたものであったといえよう。被差別部落にしばしば使用された「種族」という概念は、「日本人」との境界であった。「出没隠現の巧妙なる」点が、台湾の「生蕃《せいばん》」すなわち台湾統治を始めたばかりの日本が手を焼いていた原住民にたとえられていることからも明らかなように、被差別部落の表象は、植民地とたえず隣り合わせにあった。

被差別部落が犯罪の温床であるという認識は、留岡幸助にも引き継がれている。留岡は、空知《からち》集治監で教誨師《きょうかいし》を務めていたころのことを振り返り、犯罪人のなかに部落民が多かったとして、「而《し》かも数が多いのみならず犯罪が獰猛《どうもう》である」。「そこで此国家に犯罪を減ずるに就ては、どうしても特殊部落の改善をやらなければならぬといふことを深く感じまして、監獄改良即ち犯罪を減少する上から之を研究もし、又同情をも有つて来た訳であります」と述べるのであった（「細民部落改善の概要」・『警察協会雑誌』第一四五号、一九一二年六月）。

「習慣」と「人種」の境位――『特種部落改善の梗概』

『特種部落改善の梗概』に、人種主義が貫かれていたことについては、かつて述べたことがあるが（黒川二〇〇三）、ここでは、前章でみた柳瀬勁介『社会外の社会穢多非人』と比較しながら、それに何が継承され、どの点が変質しているのかを見てみたい。

『社会外の社会穢多非人』が一一四頁からなるのに対して、『特種部落改善の梗概』はわずか三〇頁の冊子であり、書かれた意図もまったく異なるものである。そもそも前者は全国的視野で論じたものであり、後者は三重県の被差別部落のみを対象としているという違いがある。にもかかわらず、三重県のそれは、柳瀬の著書の叙述を借用しながら綴られているのである。たとえば、『特種部落改善の梗概』の「人情及道徳」が、柳瀬の著書の同名の項目からの引き写しに近いものであることが次の比較対照によって明らかである（柳瀬の記述に酷似している箇所に傍線を引いた）。

『特種部落改善の梗概』「人情及道徳」

県下の此種族は総へて仏教を熱心に信仰す左れば人情道徳の篤実温良なるへきに却て之に反し強忍残虐不仁にして犬猫を盗殺するのみならず所在犯罪を為し不義不礼にして官吏に抗拒すること珍しからす之《これ》畢竟《ひっきょう》古来屠殺に慣れて残忍の性と成り限域の社会に蟄居《ちっきょ》して人道の何たるを知らさるに由らん依て改善指導の方として講話会なるものを時々部落に開催せしめ慈恵救済員臨んて

> 知徳を啓発す自今益々彼を導て社交場裡に出入せしめ自然に名誉を重んするの風を起こさしむるに於ては其人情道徳の上に革新を見るは無論なり（三頁）

『社会外の社会穢多非人』「人情及道徳」

> ゐたの仏教を信ずるは其理由の何れに存するやを問はず熱心に信仰するは争ふへからさるの事実なりとす、左れは其人情道徳の篤実にして温良なるへきに其実却て之れに反し強忍残虐、不仁にして不義不礼にして不信なり、強盗強姦等破廉恥《はれんち》にして残忍なる犯行は大抵ゐたの所為に係るといふ、是れ畢竟ゐたは一方には屠殺に慣れて残忍の性を為し一方には孤独の社会に蟄居して名誉の何ものなるを知らさるに由る、今後社交場裡に出入りし教育を受け以て名誉を重んするの風を起さは蓋し其人情道徳の上に革新を来すや知るへきのみ、（七二頁）

『特種部落改善の梗概』における「祖先」の記述も、神功応神帝の時代に帰化した靴履《かり》・鞍具・衣服の製造者、日本武尊《ヤマトタケル》の東夷征討の際に俘虜となった蝦夷*、北畠氏の臣下で北畠滅亡の際に投降した者、滋賀県大津付近の普通民の落魄者《らくはくしゃ》、が列挙されており（二一～三頁）、三重県という地域の独自性を加味した記述もあるが、おおむね先に見た柳瀬の記述に依拠して書かれたものであることは疑いない。

*ひろたまさきによれば、「蝦夷」というのは中国の蛮夷観の影響のもとにつけられた呼称であり、たんなる野

蛮な存在というにとどまらず、「野蛮で勇敢で反抗的などというイメージが、つまり蔑視とともに恐怖があった」（ひろた二〇〇八）。それは、この『梗概』に記された被差別部落表象と適合するものといえよう。

すでに見たように柳瀬は、肉食の禁忌、異種類の嫌悪などもすべて今では取り除かれたから「依然擯斥せらる、所以のものは他なし」と言い切り、今日擯斥を受けるのは、被差別部落民が多年排斥されてきた結果として道徳・知識・品格が劣ることと、多年の習慣によって社会が擯斥を「暴慢」と思惟せず、一方擯斥を受ける側もそれに慣れてしまったことをあげる（九一頁）。彼は、擯斥を行う社会の責任を問うことをけっして忘れてはいない。社会の擯斥を受けないようにするために、被差別部落民が劣っていると見なす点を指摘し、その改善方法を提示するのである。ところが、三重県当局の認識はその点が抜け落ち、もっぱら被差別部落民の矯正のみが自己目的になってしまっているのである。そして次に述べるように、地方改良運動が展開されるなかで、被差別部落が「最悪の難村」として浮上してきたことが、それにいっそう拍車をかけた。

「最悪の難村」

一九〇〇年から一四年まで内務省地方局嘱託の任にあり、地方改良運動の推進にあたった留岡幸助は、「内務省に這入りまして、十何年間日本の各市町村を調べて歩いた処が、難村には多く特殊部

4　留岡幸助

落がある。そこで地方行政が市町村の発達を期せしむる上に於ては、此部落を改善しなければならぬといふことを深く感じたのであります」と回想しているように、被差別部落が「部落」という地域共同体として把握され、そして「市町村の発達」の障碍として〝発見〟されることとなった。

　留岡は続けて、「難村又は貧村」とは、貧乏、納税成績が悪い、就学歩合が悪い、不潔、風俗が悪い、犯罪が多いことを意味すると説明する〔前掲「細民部落改善の概要」〕〔原田五―六三頁〕。

　さらに、「何れの村に至るも新平民の多き処は、風俗頽廃、言語野卑にして、殊に其不潔といつたら甚だしいもので、これ以上不潔な所は、此世界中にあるまいと思はれる程である。故に余は新平民の改良は、救貧問題の中に於て之れを論ずるのが至当であると思つたのである」〔「新平民の改善*」・『警察協会雑誌』第八〇号、一九〇七年一月一五日〕とも述べている。そうして彼自ら、「余は犯罪者を減少するの問題よりいふも、町村を整理するの上よりいふも、新平民の改良は実に社会改良中の最も要急なる一つであると信ずるのである」〔同上〕というように、まさに犯罪、そして「町村の整理」という二つの点から、被差別部落が発見されていったのであった。そのようななかで留岡は、地方改良運動で彼が説いた、村長・学校長・宗教家・篤志者を指導者に据えるという「市町村自治の四角同盟」（同志社大学二）のアナロジーとして、部落改善についても、「外側の機関とか組織であるとかを以て、此部落を改良すると云ふことも固より大切であるが、是非やつて貰はねばならぬのは僧侶諸君の尽力である。其次ぎは、小学校の校長さん並に一般の教育家である。其から何ていふても欠く可らざる者は警察官である、警察官が関係せずしてこの部落の改善されて居る処はないと言つても良いのであるから、警察官にも大に尽力して貰はなければならぬ。宗教で安心立命を与へても外部から恐い者がないと、此部落の人々を改善して行くことは六ケ敷《むつかし》い、であるから怖ろしいものを控えて居つて、徐々に導いて貰はなければならぬから、警察官は実に必要欠く可らざる機関である。其で宗教家、教育家、警察官の方々に、出来得るならば之に篤志家が加はつて大に改善して欲しいのである」（傍線――原文）（前掲「細民部落改善の概要」）と説いた。

＊「細民部落改善の概要」と同趣旨の内容であるが、差別的な認識がさらに露骨に表明されている。

2 「特殊部落」という「人種」

部落改善の指導者の人種主義――留岡幸助・竹葉寅一郎

このようにして「発見」された被差別部落の改善に携わる人びとの間に、人種主義が横行していった。前述の留岡は、前掲「新平民の改善」（一九〇七年）のなかで、「彼等の生活は恰《あたか》も台湾にある生蕃の其れと酷似して居るのである」と記し、さらには、「無学にして迷信に満てる、怠惰にして而かも不正直なる彼等の部落に、斯の如き犯数と犯罪数とを出すことは決してあり得べからざることにあらず」と述べている。また、「新平民は普通民と比較して生理機関を異にしたるか、兎《と》に角《かく》長き日月の間普通民と生活状態を異にして居りし為に、自ら其生理機関に異状を生じて、他と比較して多くの双生児を産むに至りたるならんか、研究を要すべき問題である」と身体的差異を論じ、それが、神戸の新川で被差別部落の人びとと起居を共にした賀川豊彦にも影響を与えていった。賀川もまた、『貧民心理の研究』（一九一五年）のなかで、「彼等が不潔なるも、眼病の多きも（中略）皆一種の人種的意義を持つてゐると云へば云へるのである」「彼等は即ち日本人中の退化種――また奴隷種、時代に後れた太古民族なのである」と述べている（『賀川豊彦全集』第八巻、一九六二年）。

先にあげた留岡の「細民部落改善の概要」（一九一二年）には、被差別部落人口の急増ぶりが数字をあげて記されており、一八七一年には三八万人だったのが、一九一一年には七九万有余人となり、未報告も入れると一〇〇万を超えるのだという。同時期の「特種部落と其人口」（『人道』第六九号、一九一一年一月）〔原田五〕と題する記事は、被差別部落の全国の最初の戸口調査が行われたところ、未掌握の県もあるが、「実に彼等の繁殖力の如何に強大なるかは一驚を喫するに足るものあらん」という結果であったことを報じ、「吾人は一日も早くこの多数なる特殊部民《ママ》が改善せられて我国の発展に寄与せんことを望むや切なるものあり」とのコメントを付している。すなわち人口増大が激しいことが明白となり、それゆえに被差別部落に対するいっそうの警戒心と、それにもとづく「改善」の必要が認識されてきたのであった。

「部落の起源」については、「三韓征伐」当時に遡り、外国の俘虜や朝鮮人などの「帰化人」であったり皮鞣《かわなめ》し・革細工従事者、内乱の敗残者、落魄者、犯罪人で逃げ込んだ者などに求めて、「詰り彼等は普通一般よりは異つて特種の生活、特種の発達を遂げた」とする。そうして「神功皇后の三韓征伐から、ズツト続いて人外者として非常に侮蔑されたのでありますから、其が縦《よ》し御維新の四民平等といふ事になつても、容易に其感情が抜けないので、今日も尚ほ依然として名目は兎も角も事実に於ては濱斥されて居るのである」と述べる。一見すると「容易に其感情が抜けない」という環境要因に求められているかのようであるが、前述したように、環境要因と生得的要因の境界は曖昧であり、「ユダヤ人」、「ニーグロー」と同様といった記述もみられるように、むしろ生得的な要因によって境界がつくられている、「人種」に近い認識であったといえよう（前掲「細民部落改善の概要」）。

留岡は、このようにも述べる。講習会で「同情」を訴える項目を入れた「ところが成程さういつて仕舞ふと、吾々古平民が悪いことになつて来る、社会が悪いことになつて来ますが又必ずしも古平民を責め、社会を責める訳にもいかない。其訳は実際往つて見れば、普通部落よりはこの部落民は悪いことも余計にする、それのみならず不潔にして無学である、教育の点からいつても、凡《すべ》て劣つて居るといふことであれば、社会が其劣つて居る人を劣つて居るやうに扱ふといふことも、吾々及諸君のやうに劣つて居つても、其人が気の毒だといふて其人と同じ位置に降つて、親切に世話するものがあれば良いが、さうは行かない。（中略）然らば劣つて居る者を吾々と同じやうに扱はねばならぬといふことは無理である、それ故に之を如何にしたら良いかといふと改善しなければならぬ。此改善が行届けば彼の部落も又吾々と同等になって来るのである」（前掲「細民部落改善の概要」）。すなわち、たてまえでは社会に「同情」を訴えながらも、原因は社会ではなく被差別部落の側にあるということを明言してはばからない。そうした認識を前提にした「改善」は、その効果をあげうるだけの対策が行われなければ、ますます被差別部落責任論、ひいては生得的差異を見出すこととの親和性を強める以外にない。「改善」が期待どおりに進まないときに、「改善」政策のあり方が省みられるのではなく、その原因が被差別部落の性情、ひいてはその原因となる「人種」の特性に求められていったのであり〔黒川一九九九〕、留岡もまた、そこから一歩たりともぬきんでてはいなかった。留岡の場合には、報徳思想を機軸とする自力更生への志向が強いだけに〔鹿野一九七二〕、被差別部落の人びと自らの改善努力が強力に求められることとなり、その結果についての説明がそれであった。

それに対して、むしろ末端の指導者の方が認識が一歩進んでいたのではないか。たとえば、和歌山県南廣村本願寺布教師雑賀《さいが》貞浄《ていじょう》は、「特殊部落に斯うせよあゝせよと云つて色々悪感を懐かせんよりも寧《むし》ろ誘掖指導に充分努め更に一方所謂旧平民（被差別部落以外の人びと——引用者）の特殊部落を軽蔑する念慮を取らせるが必要と思ふ」（傍点——引用者）と述べている〔原田五〕。

三重県、和歌山県などでは部落改善のために監視や密告の奨励、処罰を行いながら警察官がその指導に当たったが、留岡は「予の警察眼を以て言はしめば、人民は一人々々即ち警察官である。事茲《ここ》に至りて乃《すなわ》ち好く警察命令が行はるゝのである」と述べて、被差別部落内部に対して徹底した相互監視社会となることを求めると同時に、「故に警察当面の事務よりいへば、間接も間接、非常な間接であるが、警察官たる者は社会事業や教育事業抔《など》に大に同情を持ち、或点に於ては余力を以て此等の事業に声援を与へて貫はねばならぬ」（留岡「社会と警察」〔第1編　社会一六〕）〔同志社大学二〕といった期待をかけており、それゆえに末端で指導に従事した警察官らも留岡同様、部落改善が困難であることの責任を被差別部落の人びとに求めていくことになったのだといえよう。三重県名賀郡（現名張市）では、名張警察署長郷田弥九郎・巡査黒沢精一が郡内の被差別部落にぞれぞれ地名を冠した自営社と称する部落改善団体を設けて指導を行い、その報告書が『名賀郡特種民改善之報告』（名張警察署、一九〇八年五月）としてまとめられている。そこには、「彼等ノ道徳的悪習」「人類中無比ノ怠惰者」「千二百有余年来遺伝的ニ深ク膏肓《こうこう》ニ染ム特種民ノ悪弊」といった記述が飛び交う。

三重での実績を評価されて和歌山へ転出した黒沢は、和歌山市に接続する戸数七〇〇の被差別部落について語り、おそらくは前述の留岡の認識を受けて「是は台湾の生蕃見たやうな姿」と称し、部落の「此団結力といふ方は私は悪合力といふことに名を附けて居ります」「多く悪い方には団結力が強うございますが、美点の方には少うございます」と語っている。そうして、「無理もきいてやらねばならぬ　斯様な次第でありますから絶対に勝戦さをしやうと思ひますならば到底失敗であつて、どうしても慈悲の力で以て行くより外にありませぬ」「子々孫々代々其部落の人が嫁さんになるのでありますから、家庭の中に這入りましなら《（ママ）》ば何等家庭の趣味といふものはないのでありますから、子供に至るまでも普通に育つて居りませぬ」（前掲「細民部落改善の概要」）といった諦念を吐露するのであった。

　このように、なぜ部落問題に進んで向き合ったはずの人びとに人種主義が強く表れるのか。

　一つには、留岡が、「此の部落の改善といふことは今声が少し立つただけであつて、決して完全に改良されて居る処はないのであります」（前掲「細民部落改善の概要」）（原田五）に述べているように、指導者・責任者として改善の成果があがらないことの正当化根拠として、生来、または永年の慣習によって培われた性質を強調する必要があり、それが政策の不備、根本的誤りを覆い隠すのに効果的であったことである。*

*しかし、犯罪については減少しているとの指摘がある〔黒川一九九九〕〔黒川二〇〇三〕。

その点は、竹葉寅一郎も同様であった。竹葉は、次のように述べる。

殊に特殊部落と云ふものは私が申すまでもございませぬ、全く今日まで一小別天地に棲息して居りまして、我々の方面から其中へ這入《はい》つて見まするとと大変違つて居ります、私は能く人に申します、幸にして近年多少たりとも改良の実蹟が挙りますので、府県に視察に見えます御客様が大抵毎年二三十人はあります。其人達は何と言はれますかといふと、先ず部落の一部を見て直ちに改良が出来るものゝ如く思はれますから、私は申します、特殊部落の改良に付ては二度吃驚《きっきょう》をしなければならぬ、なぜかといふと、最初始めて此部民に親しく話をしますと、存外是まで聞いたより一段進んだる人物である、是ならば自分共が熱心に世話をするならば、喜んで而も早く実績を見ることが出来るであらうといふ感じが起ります、所が段々進んで行きますと、今度はさて〳〵どうも頑固な、義理も恥も知つたものでないと云ふて驚く、そうして被差別部落で行われている皮細工に関して、「それであるから内に入つても、外に出ても臭気で以て堪らない、それで香水を始終携へて髭《ひげ》から鼻に拭つて這入る、それでもなか〳〵堪へられないから清心丹などを持つて這入る、それでも嘔吐を催ふして困るのであります」(「第二回　我国の特種救済事業」)〔同志社大学二〕と述べるのであった。

竹葉のこうした認識は、以下に示す、柳田国男の南方熊楠《みなかたくまぐす》宛書簡にも示されているように、柳田ら被差別部落に関心を向ける人びとに、信憑性のあるものとして受けとめられていった。

二十六日帰京仕り候。三週間の旅行に美濃越前境の山村を経廻し、さらに西京の北山大原、伊賀の名張などに遊び申し候。主たる目的は三民の生活を知るにありしも、別に「カワタ」「サンカ」などの特殊部落についての若干の知識を加え得申し候。三重県の感化院長竹柴《(ママ、竹葉)》寅一郎氏はえた救済を終生の事業とする人にて、この問題につき縦横に観察を下しおり、その言もっとも聴くべく覚え申し候。えたの女が生殖器の構造異なれりなど申し候。彼らが陰毛はきわめて長く後方よりこれを見得るを常とすと申し候など、七難のソソ毛を連想せざる能わず候いき。昔の巫女は皆この徒より出でたりということを立証し得ば、かの難問題も解きうる望み有之候。(柳田国男から南方熊楠へ、一九一一年八月一日)〔飯倉一九七六〕

二つ目に、留岡について見るならば、彼は部落改善の指導に当たった時期に、被差別部落のなかでも「最悪の難村」を視察し、それらの地域が抱える問題を強調し普遍化していったことが挙げられよう。留岡の情報は、三重県では津市、阿山郡城南村の都市型部落のものであり、日記にも一九〇六年、城南村と玉滝村を視察したことが記されている〔留岡日記二〕。留岡は、その後の家庭学校専従になってからの方が数多くの被差別部落を視察しており、*比較的部落外との格差も小さい農村型部落の実態を見る機会を得たものと思われる。

＊一九二〇年二月、三重・静岡などを訪問したことが記載されている〔留岡日記四〕。留岡について、関口寛は、遺伝宿命論を否定し、改善可能性を強調したとする〔関口二〇一四〕。しかし、日露戦後と第一次世界大戦後の時期的な変化を追う必要があろう。また第一次大戦後の著作でさえ、言葉の上での遺伝的宿命論否定や「人格承認」の内実を検討すると生得的差異に近いものを見出していたともいえよう。

三つ目に、しばしば「繁殖力」という表現で被差別部落の人口増が著しいことが指摘されているように、被差別部落が一勢力として台頭することへの恐怖感・警戒が差別観と一体になって存在していたためと考えられる。

そして四つ目に、留岡ら当人たちは意図せずとも、彼らによって上述のような被差別部落表象がつくりあげられることにより、あとに続く地域の指導者たちの責任が軽減される効果をもっていたことが指摘できよう。すでにみた細民部落改善協議会速記録に残されている発言が、先入観から比較的自由に被差別部落を観察しえているのは、そうした束縛から逃れているからこそであったといえまいか。それゆえに、先駆者たちの方が相体的により人種主義にとらわれ、差別的であると評価されることになるのである。

以上から、部落改善指導者らによって、柳瀬前掲書をベースにしながら部落問題認識がまとめ上げられ、部落改善政策が遂行されていくなかで、生物学的違いを含む人種主義へと暴走し、後述する「人種的偏見」と表現されるような「人種」問題としての語りが成立していったこと、そしてそれは、改善政策の誤りへの問いが不在であるなかで、「改善」の困難という〝実態〟がそれを支えていたことを見てとることができた。

なお、その際にしばしば朝鮮人起源説が引き合いに出されるが、そのことと日本人種論とのすり合わせにはまったく意識が及んでいなかった。歴史学における日鮮同祖論は、一八九〇年ごろから星野《ほしの》恒《わたる》、久米《くめ》邦武《くにたけ》（『日本古代史』一九〇五年）らによって展開され、日本と朝鮮は異民族であるとする井上哲次郎とは見解を異にしつつ吉田東伍に受け継がれていく。そうしてそれは日本の海外発展のための混合同化論を支える役割を果たした〔小熊一九九五〕*。


*為政者において民族の「同化」＝「融和」が意識されるのは、一九一〇年代以後のことであり、それにも関わらず、朝鮮人との差異の存在を前提に差別が存在する理由を、中根隆行は次のように説明している。「日本人と朝鮮人の間には、両者を決定的に分かつ表徴となるような身体的差異が認められない。この意味で朝鮮像は、日本社会の内側のさまざまな他者の似姿にも通じるのであり、それゆえに、わかりやすさという点から文化・風

俗・地理面での視覚的差異が強調される結果となる。この点、論理的には矛盾することになるのだが、日本の知的言説による朝鮮表象の特徴は、そもそもが朝鮮との地理・文化的な近さや朝鮮人との身体・文化的近似性に基づくのであり、その間に境界を築くために、朝鮮像は視覚的差異やそこから演繹された性格的差異などをもって決定づけられたのだと考えられる。」〔中根二〇〇四〕。

被差別部落「放擲」論――柳田国男

被差別部落起源論は、柳田国男らの関心の及ぶところでもあった。一九〇八年三月一五日に開かれた中央報徳会例月講演会で、柳田と喜田貞吉が議論した様子が次のように報じられている。

此間柳田評議員は『自分今日の役目は幹事でありながら、不都合なれども、特種部落の事は嘗《かつ》て研究したることあれば』とて、喜田編修が「《(ママ)》今日にては人種相異ならず』との説に対し、『《(ママ)》自分は全く異なれるものと認むるも、互に障壁を徹して、彼等を同化せしむるは最も必要なりと論じ、同君との間に人種異動の弁あり。柳田君の説には中島評議員（信虎君）の賛成もありて、従来に例なき談話会なりき。（『斯民』一九〇八年四月）

柳田の被差別部落民への言及の初出は、一九〇二～三年にかけて専修大学で行った講義録である『農業政策学』に見られ、柳田はそこで、「エタ」は餌取から転化したとみなし、異民族説を採った〔永池一九八九〕。柳田は、『破戒』が刊行された直後にも「『破戒』を評す」（一九〇六年、『柳田國男全集』第三一巻）を書き、そこでは「新平民と普通の平民との間の闘争が余り劇し過ぎるように思う」

5　柳田国男

と記している。この点については、岩本由輝の次の指摘に尽きていよう。「柳田の感想はここでも村落の景観的な面に好意的で、構造的なことは何となく避けようとしている態度がうかがえる。柳田の被差別部落の問題に対する認識は、藤村のこのことについての描写のよしあしは別として、今日の現実からみてもやはり甘いといわざるをえないが、社会調和論者としての柳田の、ともすれば対立的なものに目をつぶりたがる気持がこの評のなかに現われているのではなかろうか」（岩本一九八二）。

柳田が、一九一三年に高木敏雄を共同編集者に迎えて創刊した『郷土研究』（岩本一九八二）の「紙上問答」「資料及報告」欄には、前述の竹葉寅一郎らの被差別部落に関する報告が掲載されており、その後も被差別部落に対する柳田の関心は持続していたことがみてとれる。

それとほぼ同時期に柳田は、『国家学会雑誌』（一九一三年五月）に「所謂特殊部落ノ種類」と題する論文を書いており、「要スルニ彼等ガ部落ヲ特殊ナリトスル一般ノ思想存スル限リハ、百ノ用語ヲ代ウルモ無益ニシテ、事実ニ於テハ今日ト雖モ彼等ガ部落ハ特殊ナリ。此ノ故ニ今ノ最モ完全ナル改良方法ハ論理上目的物ノ消滅ノ他ニ之ヲ求ムベカラズ。即チ特殊ナル階級ヲ普通ナルモノト変ズルニヨリ他ニヨキ手段ナシ」と、後述する「特殊部落」という呼称の改変の問題にも触れながら、被差別部落消滅論を唱える。

柳田によれば、部落問題解決のために「放擲《ほうてき》ハ寧ロ最上ノ策」ということになり、彼の主張は、岩本が指摘した柳田の姿勢の延長線上にあって、今日いうところの自然解消論、あるいは「寝た子を起こすな」論の先駆ともとれるものであった。彼は、「行政庁其ノ他ノ格段ナル調査注意ハ却《かえ》リテ右ノ目的ニ反スト謂ウベシ。殊ニ況《いわん》ヤ今ニ於テ此ノ徒ノ来歴ヲ闡明《せんめい》スルガ如キハ、事学会ノ外ニ漏ルルニ於テハ其ノ結果或イハ無害ナルヲ保シ難シ」とするもので、行政等や学会が「来歴」などを調査し、それが外に漏れることがかえって「害」を及ぼすという。

さらに、次のようにも述べる。

唯如何《ただいかん》セン現時ノ地方吏員等直接此ノ案件ニ接触スル者未ダ十分ニ問題ノ幅ト深サトヲ会得セズ、所謂特殊部落ノ改善ガ我々ノ社会ニトリテ何程《いかほど》ノ意義ヲ有スルカヲ知ラザルガ為ニ、時トシテ当ラザル判断処分アリ、頗《すこぶ》ル学徒ノ言説ノ無用ナラザルヲ感ゼシム。

ここに明らかなように、柳田の主張は、たんに「放擲」すればよいというのではなく、部落改善を担当する役人たちが十分に「問題ノ幅ト深サトヲ会得セズ」という点に問題があり、そのような生半可な理解による「改善」はかえって意味がないとする、比較考量の上での判断であったといえよう。しかしながら、その比較考量の前提となる柳田の被差別部落認識は、これまでにも見てきたように、多分に人種主義にとらわれてもいた。

柳田の部落改善政策批判が、次のように具体的に展開される。「現時ノ当局者」のなかには「往々ニシテ特殊部落ノ賤《いや》シマルル理由ヲ最モ簡単ニ解釈シ」、「（イ）職業ノ不愉快ナルガ故ニ（ロ）生活ガ粗野ナルガ故ニ及ビ（ハ）貧窮ナルガ故ニ此ノ如シトナシ」という「此ノ三点ダニ改良スレバ即チ可ナルモノノ如ク考ウル者」がある。しかしながら、もし被差別部落の人びとの「経済力」が増し、それに伴って「政治上ノ勢力ヲ生ジ」、さらに「職業ノ如キモ他ノ平民ト異ナル無キニ至ラバ、乃チ果シテ交際通婚等相互対等ナルベキニカ」。柳田はいう。「否、是レ大ナル疑問ナリ」と。そもそも改善を「全数」に及ぼすことはおぼつかない。加えて柳田が懸念する事の一つは、被差別部落の人びとが持っているとする「反社会的感情」であり（三七一頁）、もう一つは、「労力ノ供給者トシテノ彼等ガ地位」であった。具体的には「生殖率ノ大ナルラシキコト」、土地を有せず移動性に富むことであった。前者は明らかに留岡幸助らの認識を受け継いだものであり、後者も、被差別部落の経済的低位性を一方では指摘しながら、「移動性」という特性をもった集団であるかのごとくに見なしていたことを示しており、柳田が明言していた「異人種」という認識が反映されていた。柳田の部落問題への言及はその後なくなるが、同化融合が容易でなく両者の溝が深いことを看取していたがゆえに、「放擲」すればやがて問題が解消するという楽観論ではなく、解決への諦念から自然消滅論に委ねることになったものと考えられる。

3　起源論による対抗――大和同志会

「特種部落」という呼称の問題化――大逆事件

そのようななかで、被差別部落の人びと自らが起源論を打ち立てることは、そうした認識を払拭し、「誇り」を快復するための貴重な手段であった。のちの水平社のように、ありのままの自分たちに誇りを見出し、かつ差別の原因はもっぱら社会の側にあるとの姿勢を貫くならば、もはや起源は問題にするに及ばないが、内省を伴い、かつ同じ「国民」「臣民」であることを求める段階にあっては、自らの誇りを支える要素として、起源論はことのほか重要な位置を占めていた。

支配層もそうした状況を敏感に見てとり、一九〇九年、奈良県知事は各郡市長訓示で、「特殊部落ナル名称ハ特殊民ヲ以テ別種ノ人民ナリトノ感ヲ抱カシムルニ拠リ之ヲ用イザルコト」（奈良県同和事業史編纂委員会一九七〇）を指示している。『中外日報』にも「人種的偏見は笑ふべき陋習なると共に世界文明の進捗に少からざる障碍《しょうがい》を与ふるは皆人の知る所、理としては速に破棄せざるべからざるの感情たり」というような、「人種的偏見」は「文明国」にあるまじきものとする主張が登場していた。それは続けて、「聞く所に由れば各宗当局は旧穢多の部落を強化せんが為に盛んに布教使を派して教田開拓に努めつゝありと云ふ、挙や甚だ可し、然れども其の布教を指して特に「特種部落布教」と名け、尤も汚はしき所へ身を挺して布教するかの如くに吹聴する甚だしく彼等を侮辱せしものなり」(『中外日報』一九一〇年六月二三日)〔原田五〕と「特種部落」を冠した布教に警鐘を鳴らすことを忘れなかった。

さらに、外部から〝反省〟を余儀なくさせる事件が起こった。一九一〇年におこった大逆事件がそれであり、事件に連座した大石誠之助と高木顕明は、和歌山県東牟婁《ひがしむろ》郡新宮町の被差別部落とつながりをもっていたことから、とりわけ国家への反逆と被差別部落との結びつきが危険視されることとなったのである〔藤野一九八四〕。大石は、貧しい被差別部落の人びとの無料診療を行う医師であり、高木は檀家の多くが被差別部落の住民である真宗大谷派の浄泉寺の住職であった。

翌一九一一年五月には恩賜財団済生会が設立され、政府は貧民の施薬・救療に乗り出していった。また都市部では感化救済事業が推進され、農村部では、地方改良事業の一つとして被差別部落の改善のために国庫より奨励金が出されることとなった〔原田五〕。『都新聞』(一九一一年五月二三日)は、「内務省にては大逆事件以来庶民教育に重きを置く事となり敬神思想の普及に努むる外貧民の調査公益団体の調査特殊部落の改善策講究実行の筈」と、大逆事件が契機となって広範な施策が開始されていったことを報じている〔原田四〕。また、『中外日報』(一九一一年六月二〇日)が、「地方改良に熱心なる内務省にては今年の事業として全国四千有余の特種部落に在住する八十万人の改善に全力を挙げ地方事業講習会を開催しては彼等に其改良すべき急務を教へ」、東京府下の東西両本願寺を動員したと伝えるように〔原田五〕、内務省は、「我が本山に何か事でもあれば一町総出にて駆けつけて手伝つて呉れる」（『中外日報』一九一一年六月二七日）〔原田五〕というような西日本の部落の浄土真宗との密接な結びつきを利用して、東西両本願寺をはじめとする宗教家をも動員して部落改善政策を強化していった〔黒川一九九九〕。

大逆事件の衝撃に伴う政府の対応は素早く、翌一一年の「地方改良に関する内務省の通牒」には、「本年度事業奨励費は、前述の如く職業紹介所に対する補助費を増額したるのみならず、細民部落に於ける矯風、産業、衛生の事業、其の他一般の改善に資せんが為め、本省に於ては目下夫々《それぞれ》計画する所あるも、先づ之が改良の一方法として、此の目的の為めに従事するは団体又は個人に対しても亦之《またこれ》が奨励若《もしく》は助成を為さんとす」（傍点――引用者）〔原田五〕と記され、地方改良事業のなかに部落問題対策が明確に位置づいていた。それとともに、すでに「特殊部落」に代えて「細民部落」の呼称も用いられており、一九一二年一一月七日に、内務省が、各地の部落改善従事者を集めて東京で開催した会議の名称は、細民部落改善協議会であった。そこでは、地方局長水野錬太郎、次官床次竹二郎ともに、八十有余万、五〇〇〇部落という数の多さに、その影響力の大きさに対するある種の恐れを吐露している。

柳田国男は、先に述べた「所謂特殊部落ノ種類」において、内務省が「新平民」という呼称を避けて「特殊部落」を用い、さらに「細民部落」と変更したことに触れ、「要スルニ彼等ガ部落ヲ特殊ナリトスル一般ノ思想存スル限リハ、百ノ用語ヲ代ウルモ無益ニシテ、事実ニ於テハ今日ト雖モ彼等ガ部落ハ特殊ナリ。此ノ故ニ今ノ最モ完全ナル改良方法ハ論理上目的物ノ消滅ノ他ニ之ヲ求ムベカラズ」と述べて、差別的な観念が消滅しないかぎり呼称の変更は無意味であることを指摘し、ふたたび「目的物ノ消滅」以外に途はないことを説くのであった。

喜田貞吉もまた、「細民部落」という呼称に関わって次のように述べる。

「特種」でも、「特殊」でも、彼等の嫌がるのは同一だ。そこで内務省あたりでは之を「細民部落」と改めたとかの説があるが、実際上彼等必ずしも細民のみでなく、又彼等以外に真の細民部落も少からん事であるから、是も行はれさうにない。本来何とかの名称を以て、彼等を区別せんとするのが間違である。自分が屢々所謂特殊部落民と懇意になつて後に、第一に彼等から受ける注文は、願はくば特殊部落の名称を以て、世間と区別する事をやめて貰ひたいとの事である。それが出来ねば、せめては何とか同情ある名称と取りかへて貰ひたいというのである。（中略）併しながら、特殊部落の名を以て世間から区別される事をやめしめるには、先づ以て区別するの必要なきに至らしめるを要とする。（「「特殊部落」といふ名称に就いて」・『民族と歴史』第二巻第一号、一九一九年七月）

喜田は、「特殊部落の名称」をやめてもらいたいという被差別部落の人びとの心情に寄り添いつつ、柳田と同様、「名称」を改めるだけでは無意味であるとし、そこで「区別の必要なき」社会を作り出すための社会への働きかけに踏み出していくのであった。

「特種」視への異議申し立て

一九一七年に行われた広島県の被差別部落を対象とする調査では、「部落民との結婚」五五三件に対し「普通民」との結婚が二八件、「雑婚数」一三二であった（『社会改善公道』第一〇号、一九一九年八月）。また被差別部落を離れて生計を立てることも、高学歴を積んで「立身出世」の回路が開けたごく一部の者以外には容易なことではなく、通婚や被差別部落からの流出による「同化」の途はほとんど閉ざされていた。そうした状況のもとでは、被差別部落に留まりながら何ら「普通民」と変わるところのない「日本人」であることを打ち出していくことが、差別から逃れるための当面の現実的方策であったといえよう。国民国家の外部に放逐される、ないしは境界線上に位置づけられるという危機的な状況にあった被差別部落民衆にとって、ふたたび由緒を語ることが、「内部化」を確たるものとするために重要な意味をもつこととなる。

当該時期に被差別部落の集団運動として由緒の語りを打ち立てようとしたのが、一九一二年八月二〇日、奈良市の被差別部落で発会式をあげた大和同志会であった。

会長の松井庄五郎は、同会の機関誌に掲載された彼の「伝記」によれば、実業家、家畜病院長、と記されており、一九〇二年に東京帝国大学農科卒業後、故郷に帰って家業を継ぎ、県下枢要地点に精肉点を設けて「盛んに大仕掛の商業を営みた」人物であり、祖先は柳生藩の臣林氏の落魄せる後胤で、前姓は亀井と称したが郡山藩松井家に入って姓を嗣いだ。また、「先帝崩御の際の如き氏は一夜泣き明かしたと云ふ変り者だ」とも記されるほどに明治天皇への敬愛の念は強く、また長男が陸軍少尉であることが紹介されているのも、被差別部落外の人びとに比肩する地位を獲得した忠良な「帝国臣民」であるということを示そうとしたものと考えられる〈伝記〉緑雲生「松井奔泉君」・『明治之光』第二号、一九一二年一一月)。いうまでもなく、そうすることによって「特殊部落」の呼称に象徴される差別を回避しようとしたのだといえよう。

そうであるがゆえに大和同志会に集う人々は、会則に用いられた「同族」という言葉にすら「一種の隔離を意味する」ことになる恐れを敏感に看取し、議論が巻き起こった。「改正大和同志会会則」の第二条「本会ハ同族ノ一致団結ヲ主トシ且シ向上発展ヲ図リ延《ひ》イテ全国ノ同族ニ及スヲ以テ目的トス」(第一号、一九一二年一〇月一六日)をめぐり、会員から「同族と云ふ言葉は一種の隔離を意味して居りますから「同族」の二字を省略せられたし」との意見が出され、それに対して、「同族の二文字は省略する必要を認めません我等同志が一致協同して足並を揃へて向上発展を計り六千万人中に一頭角を顕さんとするには此の言葉を以て区別するのが必要であります」という反論も出て、議論が展開された。まさにそこには、少なくとも当座は「部落民」の境界を保持するのか、それとも即座にそれを取り払って「同化」を志向するのか、という対立が孕まれていた。

しかし、「特種部落」なる呼称を用いた境界が、大和同志会会員の誰しもにとって好ましくないことはいうまでもなく、大和同志会は、それについては一致団結して異議申し立てを行い、内務省にその使用を中止させた大きな力となった。それは、「従来特種部落の名称を附せられしは遺憾に付小生其の原因を調査せし処内務省は種々苦心の結果特種の二字を附したる旨竹葉（寅一郎――引用者）氏より承知せし大々的不平を唱え其筋へ交渉方依頼せし所今回内務省も大に悟り細民部落と称するに至れり」（大阪府泉北郡々参事会員中野三憲「美挙を祝す」『明治之光』第一号）という一節からも明らかである。

しかしながら、その呼称の使用はもとより、すでにみた喜田の警告にあるとおり、「特種部落」という呼称に纏わる眼差しを払拭しないかぎり、大和同志会が求める「同化」の道は開けなかった。同会理事の前田龍は、「今や特種部落なる文字は不潔物の代名詞になつておる之を改善せんとするは必要なる事は何人も拒むことは出来ますまい」とした上で、しかし、被差別部落が侮辱や擯斥を受けるのは、「決して部落の内部が不潔であるとか又は風俗がまづい言語が悪いと云ふが如き単純なことではな」く、「其は一種謂ふべからざる或ものが伏在し居るこれが所謂久しきに渉る因襲でありまする執着せる悪習固陋《ころう》であります」と述べるのであった。その前提には、大和同志会の拠点である被差別部落は、他の部落外の町と較べて状態に大差がないとの自負があり、彼は、それにもかかわらず「一種異様の眼を以て部落全体を蔑視しているのは事実である」と抗議するのであった（大和同志会理事　前田龍「所感」『明治之光』第二号、一九一二年一一月）。

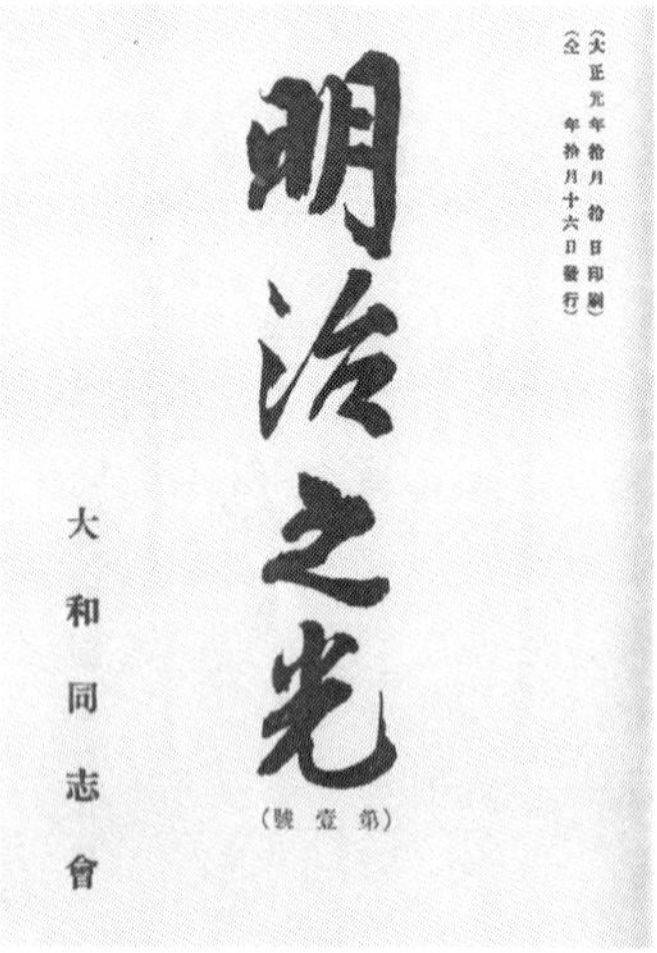

6 『明治之光』創刊号表紙

　前述したように、日露戦後に展開された部落改善政策では差別の存在は視野の外にあり、国民統合の観点からその〝障害物〟として被差別部落が発見されたにすぎなかったが、一九一〇年代になると、「融和」という言葉に象徴されるように被差別部落外の民衆の被差別部落認識のありようが俎上に上るようになっていった。そうした動向に棹さしながら、同時にそうした気運をいっそう推し進める役割を果たしたのが大和同志会であった。大和同志会にとって、「融和」を実現するためには「人種」の語りを克服することが不可欠であり、そうであるがゆえに機関誌『明治之光』*には被差別部落の起源についての記述が散見される。なかんずく創刊号に奔泉こと松井庄五郎が「会説」のなかで起源について述べているのは、その問題が大和同志会にとっていかに重要だったかを示している。それは次のようにいう。

　回顧すれば今を距ること約弐百年前に在ては確に我後進社会を認めざるもの、如し然り何れの町村に至ても其因て来る時代を探求するに其の結果略ほ《ほぼ》同一にして弐百年を越へしものを耳にせさりき徳川幕府時代に方《あた》り餌取なる名称より転化し且つ仏教の宗義より殺生を嫌厭するの情熱烈なりしを以て一種擯斥の情益々加はり爰《ここ》に穢多なる名称を附し排斥したるの説稍々置くべし。（傍点――原文）（南都　奔泉「会説」・『明治之光』第一号、一九一二年一〇月）

徳川時代に今日の差別のありようの起点を求め、それ以前との系譜的つながりを断ち切るという意志が見て取れる。これはいわば、起源論についての大和同志会の公式見解ともいうべきものに相当しよう。

＊『明治之光』の発行部数は、第一号が五〇〇部、第二号は「七百部を以て全国各部落に発送せしも其区域極めて一小部分に限局したりしが」、第三号にいたり、「少しく拡張せんとの意志に出でゝ、壱千五百部を印刷せしめ発送したり、その先は本県七百五十。和歌山七、八十。京都百。大阪八十。兵庫二百。全国一般にて二百五、六十。なりき。一般の諸士も本誌を歓迎せらるゝの傾向ありて、郡役所、役場、図書館の如きは参考品として設置せらる所もあり、我奈良県の如きは我徒六十五大字の二百七十部に対し、一般社会の諸士は五百部以上を算するの光景を呈す、我帝国宗一般の諸士も亦た本誌を歓迎せらるゝこと明かに之れを証明し得べし、啻に我徒の幸運に止まらず、同情者の多きを示し、近き将来に於て融和握手の曙光を認むことを得べし」と報告されている（奔泉〈会説〉「本会の希望」・『明治之光』第六号、一九一三年四月）。

それはいうまでもなく同じ「日本人」であることを前提としており、それゆえそれからまもない時期に書かれた、同じく「会説」において、「吾人は同種族にして決して異種族のものにあらずや然るに猶之を疎んし拒避し益々人道を没却するが如きは天人の道に逆ふものなり」〈会説〉奔泉「彼我通婚論」、第三号、一九一二年一二月）と述べているように、「異種族」であることの否定も不可欠なのであった。

その点は他の会員たちも同様で、たとえば「部落中一般社会より落魄せしもの」が多く「他より帰化せしものにあらずして全く内地人より成りしこと明かなり」と断じていることに示されるように、「落魄者」との系譜的つながりは引き受けることができても、「支那又は朝鮮より帰化せりとの説」は断じて受け入れがたいものであった。続けて、「我部落は支那又は朝鮮より帰化せりとの説は妥当ならず古来他国へ移住するものは本国の地名を取りて命名するを例とせり、大和の百済、山城の高麗、（現今の狛村）の如き純然たる帰化なること又徳島県に於て秦氏の如き皆な然り然れども我部落に於ては此の如き地名を見す個々の部落を見るに部落中一般社会より落魄せしもの多し余等の攻究は日猶《な》ほ浅しと雖とも他より帰化せしものにあらずして全く内地人より成りしこと明かなり」と述べる（碧泉「我部落と守戸の淵源」、第二号、一九一二年一一月）。それは、会長の松井が、「明治大帝の明治四年に於て一視同仁の誓旨に因り汚名廃止を受けて以来部落民の感泣措く能《あた》はざる所なり或は部落内に明治大帝を奉祀し或は遥拝所《ようはいじょ》を設けし所あり誠に皇恩の忘れざらんよう勉め居れり、故に部落内に仮令《たとい》社会主義者の二、三存するものあるも幵《そ》は全く時の政府又は個人に対する主義者にして皇室中心主義には毫《ごう》も遠ざかりしものにあらず部落民全体の主義は即ち皇室中心主義なればなり」（第七巻五月、一九一八年五月）と宣言し、その機関誌も創刊の前年に死去した明治天皇への追悼と感謝の念から『明治之光』と命名したことに示されるように、被差別部落民の誇りの源泉が「皇恩」に報いる臣民ということにあったことと不即の関係にあった。

そうした人びとにとって、弾左衛門が身分引き上げを嘆願した明治初年当時とは異なり（黒川二〇一〇）、自らの由緒を語るためにはまず「日本人」との同一性から説かねばならず、したがって大江卓の、「私の見解では同族の人々は国造神の子孫である詰り日本固有の人民である私は何処までも純粋なる大和民族であると思ふのである所が中世期頃から厭われ始めたのである之れは職業の差別から来たものである。（中略）一体穢多と云ふ語源は餌取と云ふ言葉から転訛したのであります。穢多と云ふものは私の考から考江て見れば少しも賤しむべき者でもなければ又異人種でもないのである」（「吾が事業　大江卓先生の講演」、第七号、一九一三年五月）といった見解が紹介されたりもした。また、「欧州猶太人《ゆだやじん》」と比べて「我が部落民を看るに人種に於て必ずしも日本人と同じからざる特徴なく宗教に於ても日本人の信仰と両立せざるの傾向なく唯数百年間普通人と交際せざる結果として自然に智徳の稍々劣るものあるべしと雖も嘗《かつ》て先天的悪質を治すべからざるものあるを聞かず」といった主張も掲載された（紀西　中川左武郎「社交（内務省席上の談）」、第四号、一九一三年二月）。松井は、被差別部落と部落外の通婚がないことを血族結婚に喩《たと》えてそのことの遺伝学的な弊害を説き、結婚差別を打破しようとした（前掲「彼我通婚論」）。いうまでもなく被差別部落民を外観上識別することは不可能であり、そうであるがゆえに婚姻をつうじての徹底的な「同化」の途が、被差別部落の人びと自身によってさほどの躊躇なく選び取られていくのであった。

なお、先の松井の主張は、決して被差別部落に血族結婚が多いことを是認するものではなかったが、一方で小川幸三郎は、「同化」を求めるがゆえに、被差別部落には「近親婚」が多いとして、その是正を呼びかけた。以下のとおり。「尚ほ部落の悪風として結婚が近親間に行はれる事である此れ昔時ならば兎も角今日の如く人口増加して居るのであるから好んで近親結婚をやる必要はない勿論結婚は経済上の関係もある事だが近親等の結婚は人道にも悖《もと》れば法律にも反して居る而して子孫は漸次退化して不具者などを出す傾向のある事は生物学者の証明して居ることである。一体部落民に私生児が多いと云ふのは近親結婚の盛なると戸籍を容易に夫の家に入籍せぬからである此等は是非彼等部落民に説話して矯正する方法を執らねばならぬ」（緑雲「改善に対する吾人の主張（続）」、第三号）。

その背後には、「『誠に恐るべきではないか』。又ある部落では概して目の悪い人々の多い部落がある、目の周囲が赤くたゞれてゐる。あれは医師の説明によると、血族結婚の産物であるといふ」というように、トラホームによる症状を「血族結婚」に起因するものとみなし、「誠に恐るべきは血族結婚である。で部落の改善はいろ〳〵あるが、此血族結婚を止めるのは其第一歩であると思ふ。即ち智識を進めて体格を優良にすることが出来、此二つが出来るならば外界に向ふて戦ふて行けるから、何はともあれ血族結婚の廃止を行ふて而して部落改善の第一歩に立たねばならぬ」と述べるような認識が社会に存在していたのである（葛野枯骨「人種改良論」・『明治之光』第五巻六月号、一九一六年六月）。

起源論構築の試み

こうして同じ「日本人」であり「臣民」であることを徹底的に主張した後になされるべきは、その線引きされた枠のなかで、より中心部に接近するための由緒を語ることであった。それは、松井が被差別部落との通婚を部落外に呼びかけたように、自らの「血族」を保持しようとするものではなく、「同化」の過程に必要な一手段としてなされたものであった。

『明治之光』誌上では一時期盛んに被差別部落の起源論を構築する試みがなされており、碧水こと益井信*は、〈部落歴史〉「所謂ゑたの根源に就て」を『明治之光』誌上に連載し、そこでまず、「我国民を人類学上から観察すれば一種の混血種族である」こと、「日本全国に於て部落を形成して居る部落数が六千部落人口約百万人である此の大勢力を有して部落が一般社会から迫害されて居る」その原因は、「唯職業の相違あるのみである」ことを強調し、「右申述べた次第で人種の上には何等の変りがない然るに此の中最も大なる迫害を受けつゝあるものは部落民であらふ」と述べる。彼によれば、「融和を阻害する一大病原となれる」のは「其起源を知悉せず正当の理由ありて排斥すべきもの軽蔑せられべきものとの誤解」であるとして、「新民族根源の歴史を提供する」のであった〈〈部落歴史〉碧水寄「所謂ゑたの根源に就て（一）」、第四号、一九一三年二月）。＊＊

＊京都府蓮台野村の療眼院の眼科医。同村年寄りであった益井元右衛門は、「解放令」に先立ち、一八七〇年、政府に「汚名廃止嘆願」を提出したことで知られており、息子茂平は同地に私財を投じて蓮台野小学校を建てて教鞭を執り、そののち眼科医となる。信はその養子として療眼院を発展させ、また地域の改善団体に参画したり、被差別部落の起源を著すなどの足跡を遺した（『シラッティ千本・柳原銀行記念資料館二〇一四（平成二六）年度共同特別展　全国水平社創立宣言』二〇一四年）。

＊＊彼は「先づ其起源を討《たず》ね広く世に知らしむると同時に言語風俗習慣等矯正の摂生法を守らしめ教育興業の滋養を与ふるにあらざれば未だ以て完全なる救治法即ち根本的改善法と称するを得ざるべし」というが、力点は前者にあった（〈部落歴史〉碧水寄「所謂ゑたの根源に就て（一）」、第四号、一九一三年二月）。

益井は、前述の柳瀬勁介『社会外之社会穢多非人』と久米邦武の論文（『史学雑誌』第一三号、一八九〇年一一月、及び『新公論』第二六年第六号民族編、一九一一年六月）を引き、「要するに主なる根源説は餌取、帰化人、俘虜及穢部にあるが如し」とするが（「所謂「エタ」の根源に就て（二）」、第五号、一九一三年三月）、そこから「其（ゑたに対する――引用者）擯斥は三韓の帰化と云ふにありや或は熟皮なる職業にありや生は其何れに於ても擯斥軽蔑の理由を発見するを得ず否な我国の学芸美術皆三韓の輸入にして其帰化人は寧ろ却て重用せられたるにあらずや」（二一九頁）（碧水寄〈部落歴史〉「所謂「ゑた」の根源に就て（三）」、第六号、一九一三年四月）といい、「以上の事実より考えれば俘虜又は外来陋者は直ちに（ゑた）となりしにはあらず或は奴婢として使役せしことは略《ほぼ》推知し得べし既に神功皇后御凱旋の時新羅を以て我飼部即ち宮の奴婢《ぬひ》とせられたるを以て自ら明了なりとす然らば奴婢なる賤民変じてゑたとなりしものなるか」（碧水生「所謂「ゑた」の根源に就て（五）」、第八号、一九一三年六月）と述べる。彼は、「帰化人は寧ろ却て重用せられたる」としてけっして侮蔑の対象とはなりえないとするのだが、それはさておき、彼が「帰化人」から直截に被差別部落の起源を論じることを否定するその背後には、被差別部落民も同じ「日本人」として位置づけたいという意識が働いていたのではなかろうか。

小川幸三郎（筆名緑雲）は、「？《ママ》（旧部落名）」と題して「部落の地名について昔から言つたい（言い伝い——引用者注）になつて居る事柄」についての連載を行い、「此の記事は確実なる書物に拠つたわけでなく唯口から口に伝つた事を書くのであるから辻褄の合はぬ事も多分ある事と思ひますが」との断りを付しながら、奈良県内の被差別部落の起源についての伝承を記した。そこでは、たとえば奈良市のある部落については、幕政時代奈良北門を固めており「東大寺の間牒供の居を持つて居た所で中には随分由緒ある家柄もあり」といい、また「奈良で名高き高岡の麓にある小部落」では、「奈良朝時代大宮人が屡々梅花を賞せられし梅園のお守役であつたさうで今でも此の名を取つて梅園と云ふて居るさうである」と語る（「？《ママ》（旧部落名）」、第五号、一九一三年三月）。また北葛城郡川合村の被差別部落のように、「此の地名高き古刹法隆寺の南方にある小山の麓にある村で昔からの言伝えに依ると聖徳太子が法隆寺の伽藍を建立される時、此の部落の者等は屋根葺、井戸掘、土運び等の仕事を御手伝申せしとの事」という伝承に基づいて天皇家への貢献が強調されたりもした。あるいはまた同郡陵村の、旧名も「萬歳」と称した部落は「夙《しゅく》」の身分に置かれて「マンザイ」の芸を生業としてきたところであり、「世人は大に之れを歓迎」してきたこと、そしてそれに従事してきた人々の祖先は「守戸」であり、守戸は「元宮中の侍官であつたが殉死から蘇生して其の身を落して今のシクン坊（夙から転じた蔑称――引用者）になつた」といい（第六号、一九一四年四月）、いずれも被差別部落の人びとの祖先がけっして蔑まれたり忌避されたりする存在ではなかったことが強調された。

『明治之光』には第二号（一九一二年一一月）から第三巻三月号（一九一四年三月）まで「部落歴史」コーナーが存在し、そのあとも奔泉こと松井庄五郎によって「部落討源史」が連載されるなど、大和同志会にとって由緒という問題は、「実業の育成」によって被差別部落外の人びとと同等になるべきであるという同会の基本方針と同程度に、あるいはその前提をなすものとしてそのこと以上に重要な位置を占めていた。「部落歴史」への奔泉と碧水の連名による寄稿のなかの次の一節には、可能なかぎり天皇家とのつながりを見いだそうとする姿勢が明確に打ち出されており、それは、本来朝廷の臣下であったりと枢要な位置を占めるものだったにもかかわらず、徳川時代により異常事態に置かれることになったとの理解に立つものであり、彼らによれば明治以後の時代はそれを常態に戻す過程なのであった。それは次のように述べている。

穢多亦我国古来の美風たる喫肉を守り即ち朝廷の大膳職たる枢要の位置に居りて不幸を招き数百年の後明治の聖代に浴して其穢名を洗へり又一奇ならずや（中略）要するに神代に於ては食肉裘衣《きゅうい》の職を襲き珍彦《うずひこ》を祖先とし中古に在ては餌取と成り徳川時代に至り穢多として擯《しりぞ》けられしこと明かなれば其血属は他より渡来せしものにあらざるを証すべし　然るに今尚ほ我部落及守戸を擯斥するは其源の尊とふべく決して毫も排斥すべき血統にあらざるを見るべし両者何れを見るも祖先は最も重要せられたる朝廷の顕臣たりしなり排斥すべき理由の発見せられざるは明かなる事実にして共に陛下の赤子なり。（〈部落歴史〉碧水・奔泉「我部落と守戸淵源」、第三号）

「後進」からの脱却の希求

このように、大和同志会の人々は求心的志向が強かったが、他方で、より「周縁」におかれたものへ共感・同情も併せ持っていた。小川の記した「上京日記」に、次の一節がある。

午後上野に行き拓植博覧会に入場し何等見ものなかりしが台湾土人の住家を設け其の中に親子五人昼食をなしつるを人々の打ち集いて見物せるあり嗚呼彼も　陛下の赤子なり何が故にあのさまを見物人の前にふしらしむるや誠に無智の番人の為め同情の念に堪江《たえ》ざりき、此の番人につゞきてアイヌ一家族及樺太の一家族ありて物をひさげるを見たり樺太土人の女は内地婦人に豪も異な

らず（緑雲生「上京日記」、第三号、一九一二年一二月）

そこには同じマイノリティとしての共感と、自らの方がより「中心」に近いことの自負とが入り交じっていた。

また、しだいに顕著になりつつあったアメリカにおける排日の動きにも敏感で、松井は、「排日案に対する我同胞は一致協力して彼等の排日すべき理由を聞き之れが改善の策を講ずると同しく我徒は常に最も此忌はしき現象を徹頭徹尾排擠《はいせい》すると共に彼れ一般の我徒に向つて要求する点を改善し人種に於て宗教に於て所有《あらゆる》総ての点に於て一致する我同胞間に此の如き彼我の区別の存するは咄々《とつとつ》不祥事にして誠に彼我の罪なり速かに斯かる不法なる人種的感想を□□（判読不能）握手結婚して国体の完備を期せざるべからず之れ彼我の責務なり」と述べ、通底するナショナリズムをバネにしながら、排日問題と重ね合わせて部落差別の不合理を訴え、「我同胞」の結束の必要を自覚させるきっかけにしようとしたものと考えられる（奔泉〈会説〉「排日案を以て彼我の一致的融和を論ず」、第七号、一九一三年五月）。

『明治之光』誌上においても、「一体世間から区別されるのは教育が遅れて居る為で世間から後進部落と云はれて居る教育さへ進めば融和は出来る」（「本会告示」、第二号、一九一二年一一月）といった主張が創刊当初から見られたように、被差別部落と部落外の差異を「境遇」すなわち文明化の程度の差に求める論調は、第一次世界大戦期ごろからの資本主義の発展に伴う生活の近代の進展とともに、しだいに散見されるようになっていく。定着は見なかったものの、「特殊（種）部落」に代わり登場した呼称の一つに「後進部落」があったように（大江公道会副会長「後進部落に同情せよ」・『社会改善公道』第一一号、一九一九年九月、など）、被差別部落と部落外の現状における差異は生得的なものではなく、被差別部落の改善による内部努力と部落外の認識を改めることによって格差を埋めることができるとする認識が浸透していった。そうしてそれこそが、一九一〇年代以後、「部落改善」に代わり「融和」が部落問題をめぐる論調の主流になっていったことを背後から支える要因の一つであったと考えられる。

そうした状況のもとで、大和同志会のなかでも「融和」実現のためには、教育を進め「後進部落」といわれる状態から脱却すべきであるという議論が展開された。大和同志会会員は、最初にも述べたように被差別部落のなかでも上層部に位置する者が多く、それらの人々にとって教育を進めることは無理難題ではなかったし、また自分たちが差別されるのは、中流以下の人々の風紀や生活水準にあると考えられていたからである。一九一二年一〇月に開催された幹部会では、「一体世間から区別されるのは教育が遅れて居る為で世間から後進部落と云はれて居る教育さへ進めば融和は出来る」「融和は矢張《やはり》上から外科的手術を以て計つて貰ふのが第一である融和は改善の第一要素である私は第一着に上流社会の融和を計りたい而して後下流社会の融和は自然に出来るものである」（第二号、一九一二年一一月）といった意見が出された。

「人種」という障壁を否定したのちに残るのは、「慣習」「文明化」の度合いであり、「下流社会」の問題をどう克服するかという課題がつきつけられ、それが水平社に受け継がれていくこととなる。

第三章

「人種」から「民族」へ

1 「同一民族」のなかの「異種」

「後進」ゆえの「同化」／排除

前章でみたように、被差別部落の人びとが「特殊部落」という呼称やそれと不可分の「異種」認識に対して抗議の声をあげはじめたのを受けて、一九一〇年代半ばには、部落外からも社会の側の認識を問題にする動きが起こってきた。他方で日本は、一八九五年に台湾を、一九一〇年に朝鮮を植民地として持つようになったため、それらを含む大日本帝国の一体化を実現する必要が生じていた。そのような状況のもとで、帝国の内部にそれ以前より存在してきた被差別部落の人びととの「融和」すら行えずして帝国の一体化は達成しえないとの認識が芽ばえ、社会の側の反省が求められるとともに、被差別部落の人びとに対して生物学的差異を唱えるような露骨な主張は、政府の認識や言論界から後退していく。

それに代わり、「民族」という概念が広く用いられるようになる。山路勝彦によれば、「民族」という言葉は、国粋主義の高まりのなかで一八九〇年前後から用いられるようになったものであった（山路二〇〇六〕。それは後述する喜田貞吉が発刊した雑誌のタイトル『民族と歴史』にも示されており、「民族」という概念を用いることで「日本民族」の範疇のなかに被差別部落の人びとをも取り込んだことは重要である。それにやや先んじて、柳田国男が刊行した雑誌『郷土研究』創刊号（一九一三年）に執筆した高木敏雄は、「生物学上の概念」である人種と「歴史的概念」である民族とを区別すべきことを述べており、このころからしだいに、歴史や文化を共有する集団として「民族」という概念が用いられるようになっていった〔坂野二〇〇五ａ〕。

一九一八年に起こった米騒動の際には、被差別部落の人びとにその責任を課す論調とともに「特種民」「特種部落民」という呼称が跳梁跋扈し、一時的に被差別部落の人びとの「暴民」性、「残虐性」、そして被差別部落の人びとが社会に抱く「怨恨」なるものが喧伝された。その点についてはかつて論じたことがあるので〔藤野ほか一九八八〕〔黒川一九九九〕ここでは繰り返さないが、それは、米騒動にロシア革命と同様のことが起こりうる可能性を見てとった支配層が、米騒動の担い手を被差別部落の人びとに極限する宣伝をし、民衆の差別意識を利用して両民衆を分断することによって米騒動の拡大を阻止しようとしたためであった。そのことは、内務省地方局長添田敬一郎が、米騒動が収束に向かいつつある状況下で、「特殊部落民が右騒擾事件の中心なりし事を看取したる」と述べ〔添田地方局長談「特殊部落改善急務」・『中央新聞』一九一八年九月一二日）〔原田七〕、帝国公道会会長*の大木遠吉も、米騒動を「部落民が今次の米価暴騰の為生活の脅威に際して、平素の鬱結せる不平と憤慢とを、猛烈に爆発せしめたる結果」と評したことにも、端的に示されていよう（「米騒動と特殊部落」・『大観』第一巻第六号、一九一八年一〇月）〔原田七〕。

＊一九一四年に、大江卓が設立した融和団体。大江と同じ土佐出身の板垣退助を初代会長に担いだ。詳しくは〔黒川一九九九〕〔黒川二〇一一b〕を参照。

しかしながら、大局的な流れにおいては、社会は被差別部落と部落外の「融和」を促進させる方向へと進んでいった。第一次世界大戦後、デモクラシーの「世界の大勢」が高唱されるなかで、人種平等・人類平等——ここではおおむね、両者の区別は意識されていない——といった普遍的な平等論が、たてまえ上ではあれ承認された。

そのようななかにあって、当時の代表的な政論新聞『二六新報』にも、「特殊部落の同化改善」を説く論説が現れ、そこでは「特殊部落民の同化には部落民直接の感化施設も必要であるが、外部の者が之に対する感情を一掃して接触するの必要がある」と述べられている（「百万の特殊部落民」・『二六新報』一九一八年九月二三日）〔原田七〕。それは、これまでにもみてきたような、被差別部落に構造的に組み込まれている経済的低位性の問題を理解しない皮相的な被差別部落認識である。そしてそのような認識は、被差別部落の〝向上〟が望めないと判断するや、貶視《へんし》に転じていくのである。

7　大江　卓

しかしともあれ、このように米騒動を経て被差別部落対策が重視されるなかで、その「同化」に焦点が当てられることとなったことは重要である。「同化」の議論を支える大きな要因の一つは、米騒動の前後に台頭してきた「後進部落」という呼称に象徴される、被差別部落を文明化から遅れた地域、ないしはそこに居住する集団とみなす認識であった。

米騒動直後から、「後進部落を改善して立派な国民として国家の干城としたい／軍隊でも其技倆で行ける迄昇進さす」（『神戸又新日報』一九一八年一〇月一五日）（原田七）といった議論が登場する。帝国公道会副会長の大江卓も、「如何に部落民が改善しても社会は之れに同情しなければダメである」として、「同化」を後押しするために「同情」を喚起した（公道会副会長談「後進部落に同情せよ」（『社会改善公道』第一一号、一九一九年九月）。大江にあっては、「同化」のために、「同情」に次いで求められるのが、被差別部落の人びとの「人格を向上」させることであった。大江は、「日本臣民として天皇陛下の御恩殊に先帝陛下無上の聖沢に浴せぬものはないが部落の人々は又特別に先帝陛下一視同仁の洪徳に因て従来の賤称を除かれ平民席に編入せしめられたのであれば其御恩に報ずるために一般社会に班列するに恥しからざる迄に人格を向上するの行持がなければならぬ」と述べる（『明星山房夜話」・『社会改善公道』第一一号、一九一九年九月）。すなわち、ひとまず人種のちがいが否定された途端に、被差別部落の人びとには、自助努力によって「同じ」になることが求められるのであった。

「日本人」のなかの「人種」の再発見

その一方で、依然として「人種論」の文脈で被差別部落民を論じるものも存在した。その一つに、一九一六年に板垣退助の後を受けて帝国公道会会長となった大木遠吉が、やはり米騒動が収まった直後に書いた「米騒動と特殊部落」（『大観』第一巻第六号、一九一八年一〇月）〔原田七〕がある。

部落民と雖《いえど》も決して我々と血が異つて居るのではない。部落民の起源性質につきては別に之を語るとして、兎に角有識者は穢多の決して排斥すべきものではなく、我々と同じ血の流れて居る日本人であることを知つて居る以上は、理由なき迷信謬想を止め去つて、部落民そのもの、向上同化を努めなければならぬ。と同時に一般人民も反省して理由なき謬想を打解し部落民と云事を我々の脳底から忘れ去らしめ、彼等と一般民と全然同化せしむるには之を混乱し攪拌《かくはん》せしむるのが第一の良法であると思ふ。

ここにいくつかの問題を見てとることができよう。まず、「部落民の起源性質」を棚上げにした上で、「我々と同じ血の流れている日本人」として包含してしまっていることである。「部落民の起源性質」は、簡単に不問にしてしまえるほどにどうでもよいことであったことになる。しかしそれは翻ってみれば、大和同志会のようにいくら起源論を打ち立てて対抗しても、起源論が重視されない以上、被差別部落に対する認識を改める上にさほど意味をもたないということでもあった。そして、何の障壁もなく組み込まれてしまった「日本人」であるがゆえにまた、「諸方面に移住せしめるのが最も宜しい」というように容易に日本列島から放擲する対象にもなるのであった。さらに、「これは彼等の性情が然らしむるにあらずして、全くその境遇が然らしめるのである」として環境要因であるとの留保をつけながらではあったが、「一体部落民は総じて怠惰者である」といった部落改善政策のなかで横行したような「特性」もまた、頭を擡げるのであった。

8　大木遠吉

　同様の認識は、続く以下の一節にも現れている。

「彼等は前に述べたるが如く個人主義を取り、個々別々の生活をなし、団体的に結合すること稀なりと云つても、一旦部落民としての侮辱に会ひ、一般平民と相対するが如き場合には、是非曲直の弁別なく直ちに結束する恐るべき性質を持つて居る」。大木によれば、人間が民族的関係から差別的観念を抱くのは理由があり、「猶太人《ユダヤ》」が「一般欧州人」より忌み嫌はれるにも、相当の理由がある。「けれども、同一民族の間に於て、同一血潮の流れて居る者を、部落民として排斥するが如きは、人道の上からも常識の上からもあるべからざることであ」り、その状態から部落民を〝救う〟ための方策は移住や転職をさせることであった。

大木は同時期に部落問題対策に関する論攷《ろんこう》をいくつか書いており、「特殊部落民善導の急務」（『我が国』第一六九号、一九一八年一〇月）〔原田七〕では、次のように述べる。

凡そ此の民族の特徴といふべきものは、人の話を決して善意に解さない、必ず如何なることでも之を悪意に解釈することである。然《しか》も性質陰険にして普通民とは大に其の性質を異にしてゐる。そして無精であつてトラホームが流行してゐる。実に一種の異民族といふべきことは、何人の眼にも映ずることであらう。然し乍《なが》ら同民族が斯くの如くなりし其の淵源は抑《そもそ》も何であるか。（中略）要するに我々同胞と何等異る所は無い、彼等とても同胞の民である。或は人情の上からは民族の異る者をば圧迫するといふこともあらうが、日本に於るこの特殊民族といふものを圧迫する等のことは、絶対に理由の無いことである。

大木のなかで論理的整理がなされていたとも思われないが、おそらくは大江と同様、日本を多民族国家とみなしており、異民族であっても大日本帝国のなかに包摂することが至上命題となっていたのであろう。

しかし、このようにもいう。

又同種族の人は、婚期に達しても小さい範囲内に於て、即ち同部落内にあらざる外に、結婚することが出来ない。此理由は云ふまでも無く明白なことである。斯くの如く昔より遺伝的に累代社会より蒙る圧迫迫害に対して、彼等種族の生み出した所の性格は、実に恐ろしいものである。即ち彼等は、普通人が流血の惨として戦慄すべき所のものも吾不関焉《われかんせず》といふやうな冷淡酷薄な態度でゐられるやうな性格を作るに至つたのである。即ち極端なる個人主義たらしめたのである。（傍点――引用者）

「同胞」であることを認めるといいながらも「彼等種族」といった表現が多用されていることの意味を考えなければならないであろうし、またこのような性格の「恐ろしさ」を強調することは、つまるところ、それほどに問題を抱える集団であるにもかかわらず、その「改善」に取り組む自らや帝国公道会の活動を自画自賛することでしかありえない。

米騒動を機に噴出した当該時期の部落問題をめぐる評論には同様のものが多く、文学博士遠藤隆吉「特殊部落の改善／内務省当局に望む」（『中央新聞』一九一八年九月二日）〔原田八〕も、「特殊部落と一般人民との感情の疎隔は数□来の習慣であつて一朝一夕に改めることが出来ぬ」とし、その原因を、一つは、「特殊部落民」が「離れて生活する事を嫌つて必ず同一ケ所に集合してゐる、常に非常に孤独を心細がつて多数相頼んで以て周囲に対抗しやうとする」こと、もう一つは、「一般人民」のなかにある「穢多、非人等の悪名称に伴ふ感情と血統を重んずる日本の習慣」に求め、「此感情の融和は中々に困難である」とした。そこには、デモクラシーや平等思想の洗礼を受けたという足跡は何ら見出しえない。

創りつづけられる「人種」

米騒動が収束間近となってから約一ヵ月間にわたり、『中央新聞』に「世に背ける部落の視察記」（一九一八年九月一八日〜一〇月一五日）〔原田八〕が連載された。それは、「六千万の同胞は是皆陛下の赤子、苟《いやし》くも日本国民たるもの斉しく隣保の誼《よしみ》を厚うし国家の為め忠誠を擢《ぬき》んづるに貧富貴賤を問はず、種族に血液の差別がある筈もなく、社交の上に牆壁《しょうへき》を設ける謂《いわ》れが何処にあらう」と述べつつも、米騒動では「凶暴な野性を帯びた種族的の特性が発揮」されたとし（「血を吐く如な叫び（一）」八日）、「されば全国には特殊民と言はれ社会から隔離されて憐れむべき境涯に沈淪する人種が幾何居る？」と問うて内務省地方局調査による「特殊部落府県別統計表」をあげている（「片意地の彼等（二）」九日）（傍点――引用者）。すなわち、「血液の差別」はないとして生物学的差異を否定しながらも、「人種」は創られているのである。

「部落探検の使命を帯びた記者」は、「過日騒擾の際切先鋭い竹槍を抜いて大阪市を横行し市民の肝を冷した獰猛な部落民の一団で名高い木津西浜の一角」に入っていくのであるが、「部落に入つて言葉や容子に余程注意しないと部落民の反感を買つて非道い目に遭はされますよ」と大阪府警察部の特別課長から予め注意されていたものの、「いざ入窟となると何やら虎穴に入る様な感じがして余り気味の好いものではない」(「鼻を衝く臭気(三)」一〇日)と記しており、そこには明治期の貧民窟探訪記と何ら変わるところのない眼差し注がれていたことが見てとれる。

さらに同記事は、「元来特殊民は一人でも多くの味方を頼んで普通民に反抗する性質を養ひ一部落に密集してゐる為めに結婚は必ず部落の仲間内で行ふ習慣を重ねて来て自然近しい親類縁者で互に結び合ふのが大部分である、それが為め血族結婚の弊害は生理的に生れた子供の身体に姿を現はして病児や不具の子供が多いといふ或人の説を彷彿とせしめる」と、結婚差別と血族結婚を直結させて結びつけて遺伝的問題があると断じ、また「部落の下級民の間に全く貞操観念などが爪の垢ほどもなく、更に甚だしいのは親子姦、兄妹姦といふあるまじき不倫が行はれるのも敢て珍しくないといふに至つては戦慄せざるを得ない」(「不倫など平気(六)」一三日)と述べて、被差別部落外の人びとの恐怖心、差別心を煽った。さらに恐怖心の煽動は次のように続く。「かくて獣皮を剥ぐ殺伐な彼等の職業と獣肉を常食とする彼等の生活振りとが部落民の性状の上に惨忍な濃い色彩を添えてゐる事は事実で、殊更に類を以て集る特殊民が強い一種の集団をなして、世間に反目してゐるといふ因襲の久しい言ひ伝へが此の類では普通民の社会で部落民を軽侮すると云ふより寧ろ一種の恐怖を以て彼等を遠ざけて居ると云ふ方が当つてゐる。現に府庁の役人や市の吏員が部落を視察に行つて屡々彼等の襲撃に遭ひ命からがら逃げて来たといふ話しも聞いてゐる」(「牛の腸を常食(八)」一五日)。そうして、奈良では

「特殊部落民と結婚を避ける風習は全国に尚ほ盛んで殊に近畿方面では古くから慣習として平素の交際にさへ隔たりをつけてゐる程度で部落民と普通民の結婚など思ひもよらぬ」（「部落民から妻（廿七）」一〇月五日）という。

しかしながら当該時期の言説の特徴は、強烈な人種主義を保有しながらも、「特別に世間から隔絶されてゐる事は十分に認めては居るが彼等も亦日本人の特性として血統を尊ぶといふ古い慣習から「特種」とか「系遠」とか全く異種族に例へられる事を死ぬより苦痛としてゐるのである」（「特殊扱は困る（十七）」二六日）などとして、「特種」視される人びとの立場を慮る姿勢を見せ、同じ「日本人」だと言い切るところにあった。それは、「日米親善とか日支親善などとの声が喧しく唱えられて居る今日、而も国内に生を享けた同じ大和民族を宛《さなが》ら異種族の如くに度外視して相容れぬ謂れが何処にあるのだらう」（「穢多は猶太人（卅二）」一〇月一〇日）といった一節にも示されているように、従来からの「大日本帝国の一体化」という課題に加えて、世界的なデモクラシーの潮流に順応する必要が生じたためであった。

ところが、「同じ大和民族」といったあとに次のような起源論が展開される。「穢多の起源」についての「旧記」の記載によると、「大和民族の祖先は皇、神、蕃の三つに分れ、皇は皇室の流れ、神は国神の子孫で、蕃は即ち朝鮮や支那、南洋等から漂流して来た外国の帰化人を指したもの」であり、その蕃のなかの「ハフリ」と呼ばれる「一種族」が「世に所謂穢多の祖先の一部である」。そして「真偽は別として今日の特殊部落の住民が恰度《ちょうど》猶太人の如く虐げられてゐる事実を綜合する時には是の伝説を只一片の浮説として聞く事は出来ない」としてそれに耳を傾ける（「穢多は猶太人（卅二）」一〇月一〇日）。こうした「口碑伝説」を総合すると、「今日の特殊部落と普通民との区別といふものは甚だ不鮮明」であるが（「革職は民の上級（卅三）」一〇月一一日）、朝鮮、あるいは「「ハフリ」種族」が「西伯利」から「支那朝鮮」に流れ日本に漂白して来た可能性もあり、「而して応神天皇の御宇皮を製造する技術に秀でた彼等の一種族を特に優待して部落を賜はり免地を与へ人民の上級に置いた事は史実に明らかである」という。その子孫たちの「野獣を屠《ほふ》つたり獣皮を剥いだりする生業」が「殺伐で粗暴な性格」を伝え、一方朝廷から与えられた特権に乗じて「専横な振舞ひ」が多かったために、「普通民」は彼ら「驕暴《きょうぼう》」を憎み隔たりができていったとする。そしてその後殺生禁止となり、「上級民」として「普通の農民」を虐げていた彼らは、「急転して最下級の種族に陥され同時に一般の農民と同居する事は素より結婚をする事さへ許されなくなった（ママ）」のであり、「位置転倒した普通民一般は旧来虐げられてゐた怨恨を報復する為めに此の詔勅を体して彼等を侮蔑するに鋳《い》たつたのである」という（「特権を剥奪さる（卅四）」一〇月一二日）。

さらに同記事は、「要するに普通の社会が特殊部落民を社会の圏外に置いて、此を卑下し忌まはしい習慣を伝えて今日の状態に至らしめた元の起りは決して人種の問題ではない、抑《そもそも》穢多と蔑視され別扱ひをされてから何百年の永い間哀れなる部落民は普通民と同居もされず同化もされず、勢い狭い部落内だけに彼等は先祖の血汐を伝へては来たが、其源を尋ぬれば矢張り一様に大和民族である」（傍点――引用者）（「静御前の霊を（卅五）」一〇月一三日）、「文明の今日、外国人とさへも親善を結ぶ日本人が同胞である特殊部落の人々と融和が出来ないとすればそれは大なる矛盾である、撞着である而して国家の大なる恥辱である」（「特殊民の通弊（卅七）」一〇月一五日）と繰り返し、「日本人」「大和民族」への包摂を述べる。たしかに、日本人混合民族説が前提とされてはいるが、そのもとで「人種」ではなく「種族」が創り出されているのであり、その「種族」は古代からの連続説に立つものであり、結局従来からあった異民族説と変わらないものであった。すなわちすでに見たような差別感に同調しそれを煽るのだが、「融和」の使命も無視しえず、記者自身や社会に広がる差別感を抱え込んだまま、たてまえが呼号される状態にあったといえよう。

当該時期には、これと同じような評論がいくつか登場している。その特徴の一つは、被差別部落の側の「怨嗟」を強調したり、「種族」としての被差別部落の人びとの負の性情が指摘されたことにある。「言論／特種部落説」（『やまと新聞』一九一八年九月一五日）〔原田八〕は、「世間の多くは尚ほ彼等を新平民と唱へて、依然交渉するを欲せず、（中略）されば彼等も亦普通人を怨嗟すること甚だしく、彼等のみ特種部落を作り、彼等限りの間に交際し婚嫁して、自ら別天地を為せるなるべし、（中略）多くは貧窮にして、また痼癖多く、心身共に不十分なりといふ」（「言論／特種部落説」・『やまと新聞』一九一八年九月一五日）〔原田八〕といい、新聞記者としてしばしばロシアに渡り、のちにロシアで客死したことでも知られる大庭柯公《おおばかこう》「所謂特殊部落」（『大観』第一巻第六号、一九一八年一〇月）〔原田八〕は、「穢多――通称に従つて斯く呼ぶ――の救済論者」を自認し「彼等に対する同胞としての同情心」から「アノ劣等状態を救済もし改善もせざるを得ぬ、ツマリ彼等の向上と同化（一般同胞との）を扶《たす》けねばならぬ」としながら、その前提に「従来所謂穢多非人が、一般社会から擯斥され、忌避されたことに就ては、決して之を不当であるとは思はぬ。其故は即ち彼等は正しく日本国民中の退化種であり、奴隷種であり、塊血種であり、犯罪種族であるからである」という認識を持ち合わせていた。米騒動の原因の一つを「陋劣卑穢の獣性を脱せざる一部種族」〔文学博士谷本富「米騒動の与へたる国民的教訓」・『中外』第一巻第一一号、一九一八年一〇月〕〔原田八〕、といった言説も後を絶たなかった。

これらに明らかなように、米騒動は、「特種部落」としての被差別部落の再度の「発見」をもたらした。そしてそれは起源論を棚上げにして同化・包摂の緊要性を迫るものであり、「人種」の違いをいい立てるものまでも含んでいた。また、被差別部落の後進性、慣習という改変可能とも考えられる要素が問題にされながら、それに実態が伴わないがゆえに「同化」の困難性が指摘され、被差別部落は、それらの問題性を兼ね備えた集団としてしばしば「民族」としての語りがなされることになったといえよう。それはまた、先にも述べたように起源論というある種の学問的〝正しさ〟によって対抗することの効力の小ささを物語るものでもあり、ここで用いられている「血統」や「人種」などの用語の違いを分析してもさほどの意味はないだろう。文言上は改変可能性をいいながらもたちまちその追求が放棄されてしまうところに、「人種」の再生産が行われる余地が存していたといえよう。

2 「人種」と「民族」のはざま

「日本民族」から被差別部落の研究へ——喜田貞吉

そのような状況のなかでの、前述の喜《き》田《た》貞吉《さだきち》の登場の意味を考えてみる必要があろう。

喜田は後年、自伝のなかで、一九一九年一月に個人雑誌『民族と歴史』を発行するにいたったのは、「いわゆる特殊部落の研究は、同時に日本民族の研究と並行せねばならぬ」と考えたからであり、「一はこの方面における研究を発表するとともに、兼ねて資料蒐集機関に宛てんとするためであった」ことを明らかにしている。同誌の綱領には、「本誌は我が日本民族の由来沿革を調査し、其の社会組織上の諸現象を明にするを以て目的とす」、「本誌は特に過去に於ける賤民の成立変遷の蹟を詳《つまびらか》にし、今も尚時に疎外せらるゝの傾向を有する、同情すべき我が同胞解放の資料を供せんとす」と掲げられており、喜田は、「実際はいわゆる特殊部落の研究と、これが解放に関する宣伝とが、当時における重なる対象であったのだ」と述べている（傍点――引用者）（「六十年の回顧」）（喜田一四*）。

*すでに鹿野政直が喜田の人種起源説粉砕について論じるなかで指摘しているように（鹿野一九八三）、喜田は「自分もなるべく「特殊部落」の語を用いたくはない」としつつも、「説明上、何とかの名称を用いねばならぬ場合には、この語が一番弊害が少いものと信じている」ことから、それを用いたのである（〈学窓日誌〉一九二一年九月一一日「特殊部落解放運動」・『民族と歴史』一九二一年一一月）（喜田一三）。

9　喜田貞吉

喜田は、文部省教科書編修官時代に、内務官僚井上友一の依頼を受けて、報徳会で「賤民の民族的研究」を述べたことがきっかけで柳田国男との意見交換の機会があったこと、「自分が始めて部落に出入りした」のは京都の天部部落で、「確か明治四十二年の事であつたと記憶する」といい、「大正二年の頃寓居を洛北田中に転じて、田中部落の事情をも見聞するの機会が多かつた」と述べる。そうして喜田にあってもまた、米騒動に際し「自分も親しくその破壊狼藉の蹟を見て、徹底的に其の起源沿革を明かにしてみたいとの希望を起した」ことを記している（「編集雑感」・『民族と歴史』一九一九年七月）。

喜田にあっては、こうした経験を経るなかで、「日本民族の研究」と被差別部落研究が不可分のものとなっていたと考えられ、同誌第二巻第一号（一九一九年七月一〇日）「特殊部落研究号」刊行にいたる。喜田は、一九一九年二月下旬に同情融和会で講演をした際に、大和同志会の奈良の松井庄五郎（道博）、京都柳原の明石民蔵らと会見し、彼ら「部落の先覚者有志」の協力を得て同号発刊にいたったという（「編集雑感」*）。また「「特殊部落研究号」発刊の辞」では、次のように記す。

一学究たる小生は、ただ平素抱懐致し居り候日本民族成立上の知識よりして、彼等が何が故に区別せらるるに至りしかの歴史的研究の結果を披瀝し、今に至つて尚之を区別するの妄なる所以を得しめんとするものに候。是れ啻《ただ》に彼等特殊社会の為のみにあらず、一は以て彼等が国家社会に対する責務の一部を完ふし、一は以て小生自身の学問欲を満足せしめんとするものに有之候。

*『民族と歴史』創刊号「編集雑感」では、「自分が此の特別号の発行を思い付いたのは、本年二月下旬、東京築地本願寺で催ふされた同情融和会の折であつた。斯《か》くして爾来材料の蒐集に着手し、四月に其の計画を発表して各地の有志家に材料の提供を依頼し、五月の本誌上に始めて予行を掲げた様な次第であつた」と述べている。

「事実上の解放」を求めて――系譜的固定制の打破

周知のように喜田は、被差別部落を放置しておくことは、「啻に彼等に対して同情に堪へざるのみならず、又彼等を解放し給へる先帝の聖旨に副《そ》はざるのみならず、現時人種差別撤廃を世界に対して呼号する我が同胞間にありて、なほ此の差別撤廃の実現せられざる事は、洵《まこと》に相済まざる次第」と考え、具体的には、「特殊部落改善」や「細民部落救護」といった事業にもまして、「特殊部落若《もし》くは細民部落の事実上の解放といふことが、最も必要なのではなからうかと思ふのであります」「本来区別其のものが、洵によろしくないのであります」と説いた（「発刊の辞」）。それゆえにこそ、彼は、歴史研究をつうじて「事実上の解放」を阻んでいる、人びとの被差別部落に対する認識を改めることに意を注いだのである。

「特殊部落研究号」には、「特殊部落の成立沿革を略叙して、其解放に及ぶ」と題する、一九一九年一月一七日、内務省主催の細民部落改善協議会における講演に添削修正を加えたものが掲載された。

そこで喜田は、「我々日本民族は、もといろ〳〵の民族が寄り合つて、それがうまく結び合つて出来た複合民族」であるのとの前提に立ち、「我々日本民族は、高天原から渡来した天孫民族と、及び其前から此の国に居た所の先住民族との融合の結果出来たもので、無論海外の帰化人も是に同化してしまつたのだと申してよろしい」と説明する。「複合民族」であるということは、「これ等多数の先祖なり子孫なりが、上からと下からと、網の目をすいたやうに組みあつて、日本民族は出来ているのであります。随つて一切の国民はどこかで必ずつながつて居る」のであり、さらに「抑々《そもそも》人種・民族の区別といふものは、どういふことから起つたかと申すと、何れ元は同じものであつたに違ひありません」という。喜田によれば、「自然淘汰の理法」すなわち「生存に適するものが生存し、適しないものがだん〳〵滅んで行く」ことにより「その優良なるものが残つたのが我が日本民族」ということになり、「此の日本民族は、後生階級思想が盛になつて、互に結婚しなくなつた様な部族の間柄でも、昔は構はず婚を通じて居」たから、「すべての日本人」は「大体に於て同一日本民族たることを疑はぬ」ことになる。

このように、「すべての日本人」が「同一日本民族」たることを強調した上で、被差別部落の問題に踏み込み、以下のように述べる。「之を要するに、我が国には、民族の区別によつて甚しく貴賤の区別を立てる事は致しません。随つてもと違つた民族であつても、うまく融和同化して、日本民族となつたのであります。たゞ境遇により、時の勢いによつて、同じものでも貴となり、賤となる」。今日「穢多」のみが「特殊部落」と見なされて取り残されているが、「今日では一般世人が肉食をなし、身分ある人が皮革業を行つて怪しまず、神も敢て之を忌み給はぬ事実が証明せられて居るのでありますから、彼等がもと区別された原因は全く除去せられて居るのであります」。すなわち、起源・民族においてはなんら異なるところがないどころか、そもそも「網の目をすいたやうに組みあつて、日本民族は出来ている」のであって、「貴」とされ「賤」とされる人たちも入り組み合っているとまで、喜田は述べる。それは、「貴」の側にあることを自認し、「貴」と「賤」の境界を不動のものにしたい大多数の人びとにとって、受け入れがたいものであったことはいうまでもない。

喜田は、「然るにも拘らずなほ此の区別撤廃の出来ないのは、彼等の実質内容によることも多からう」と述べ、「随つて目下の必要は、彼等の実質の改善にある。世間の進歩に後《おく》れ、距離がだんだん遠ざかる様では、如何に理論が徹底しても、融和の理想的実現はむつかしい」と述べる。「理論」によって差別の不当性を喝破したのちに残されているのは、被差別部落の「遅れ」という「実質」であるとして、「社会の進歩に後れず、社会と融和し之と同化し得るだけの準備をなす必要が彼等にあります」というのであった。さらにこのように続く。「而も彼等をして之を為さしむるには、先づ、一般世間が之に対する故意の、若《も》しくは無意識の圧迫を解くを必要とします。彼等は目覚めねばなりません、世間は反省せねばなりません。徒《いたず》らに百数十万の同胞を苦しめ、国内の争闘を醸成すべきではありません」（傍点——引用者）。ややわかりにくいが、被差別部落の「進歩の遅れ」を取り除くことを認めつつも、喜田がその前提にしているのは、「圧迫」を加えてきたことの社会の反省にほかならない。

それゆえ喜田は、「エタと非人と普通人」と題し、「エタと非人と普通人と、もとをたゞせば敢て区別のあるものではない。現在の特種部落の人々の祖先は、嘗《かつ》て何等かの事情によつて、社会の落伍者となつたのであつた。（中略）過去に於て落伍者の子孫必ずしも落伍者ではなかつた。而して現在に於て、又将来に於て、必ず同様であらねばならぬ」と述べて、被差別部落の人びとは同じ「日本民族」のなかのたんなる「落伍者」であり、またその系譜的な固定制もないことを訴えた。

「後進」と「部落責任論」

可変的とはいえ「落伍者」という烙印を消す必要があり、それはまさに、当該時点の文明化に取り残された集団という認識と符号するものであり、同じ「日本民族」であることが〝理解〟され、「日本民族」への包摂が可能となってなお障壁となるのが、被差別部落が「社会の進歩に後れ」ているという、「文明化」の尺度による問題であった。

喜田が、同号に掲載した論文からも、それが争点化している様を見てとることができる。

まず同誌に掲載された、帝国公道会の事実上の中心人物である大江卓の論文（一九一三年に得度して天也《てんや》と号し、大江天也として執筆）「穢多非人称号廃止の顚末を述べて穢多の起源に及ぶ」は、「近来世人は口を開けば、三韓の捕虜であるさうだと言ふやうである。其何れが正しいか、今容易に断案を下すことは出来ないにしても、唯一個の人種が発達繁殖して来たものでないと云ふことは、最早今日では疑ひを容れる余地はないと思ふ」と、「人種」の差異を否定した上で、いまだ「融和出来ない」「穢多」を「此儘《このまま》にして置いたならば、此人達は皆社会党過激派にならざるを得ない情勢である。なるのが当然である。是等を破裂させぬ様に、融和を漸次に図つて行かうと云ふのが、帝国公道会を立てた所以である」と述べる。すなわち、融通無碍な「民族」概念を前提に、治安対策的観点から融和をめざすという帝国公道会設立の趣旨を繰り返すものであった。しかし、これとて喜田にとっては重要なことであった。

一九一九年一月の細民部落改善協議会の講演を喜田に依頼した内務省地方局長添田敬一郎の論考（おそらくそのときのものと思われる）は、「実力を涵養し品位を向上したならば、一般民との融合調和は期せずして実現せらる、こと、信ずる」（「部落の現況と改善に関する施設概観」二四六頁）と断じ、そこに立ちはだかる「風俗性情に於て多少の相違なる点」も、「是れ多年の因襲に帰因するもの多」いとし、「寧ろ一般民が同情と懇切とを以て率先彼等と親接し、相互の融和を促進するを以て根本となす」とするものであった。実は問題に十分に踏み込んでいないがゆえに楽観的にすぎる展望が示されているのであるが、こうした主張は、読み手には一見、人種主義からの脱却の回路を開くかのように映ったであろう。

これらに明らかなように、人種的差異、民族的差異を否定したあとに残るのは「因襲」、「後進性」という改変可能なものであったが、それゆえに、部落外の人々の意識の変革と合わせて、部落民自身の「改善」努力が求められたのであり、こうして部落責任論はたえずつきまとい、むしろ改善可能とみるがゆえに、責任論が強化される結果すら生んだ。そしてそうであるがゆえにまた、被差別部落の徴表が浮き上がることともなったのである。その一方で、添田にみられるような楽観論は、治安対策上の必要がないとあらば、部落問題放置論に流れる可能性が十分にあったと考えられる。

しかしながらそうした認識の広がりは、『明治之光』に集う人びとたちの運動をも後押しするものであった。明治之光社々長松井道博こと庄五郎は、「私は普通社会と後進社会（仮りに明治四年の汚名廃止を標準として、先に進みしものを先進と云ひ、後より進みしものを後進と曰ふ〕なるものとは、全く本分の間柄で、又同じ民族であることを信ずるものである」（〔 〕――原文割注）といい、負の徴表にされてきた「帰化人」は「部落内には極めて少ない。寧ろ一般の方に多いようである」と述べて、「帰化人」というこの場における負の徴表を被差別部落の外に投げ返した。さらにいう。「要するに前述の如く、部落は一般より分離して、漸次組成するに至つたものである。今一例を挙げて本題を終らんとする。静岡県浜名郡吉野村は渡邉源五綱の末裔の居住せる村である。渡邉綱は源頼光の重臣であつて、武勇の誉高いものであつた。其数代の孫渡邉昌弘が、宗良親王の東国に下らるゝのに供奉して、此の吉野村に来つたものである。（中略）彼我社会は本分の間柄なることを知らば、速かに封建時代の陋習を去つて、彼我互に融和し、兄弟の至情を温め、彼我の祖先に答へよ。是れ全く先帝の聖旨に副ふことゝなるのである」と（「彼我社会は本分の間柄である」）。

喜田は、このような部落問題に関わる〝名士〟たちの発言を採録するだけでなく、同誌を読者との交流の場ともした。

「私共は世間から特殊部落民として軽侮迫害を受けて居る者共である」と宣言し、そのことによる痛苦の叫びをあげる「匿名氏」（「部落民の悲愴なる叫びを聴け」）に対して喜田は、「関西の或る地方に於ては、確かに右述ぶるが如き事実の存在を、承認せざるを得ぬを遺憾とする」と述べつつ、以下のようにいう。

固より斯くの如きのことに就いては、部落の人々も幾分其の責を負担しなければならぬ。よしや其の原因がもと社会の圧迫にあつたとしても、彼等の多数が一般世間の進歩に後れて、其のまゝでは到底融和接近する事の困難な状態に居るのは事実である。又彼等の或る者は確かに色眼鏡をかけて世間を見て居る。（中略）彼等（部落の人々をさす――引用者）に接した経験のあるものは、往々にして彼等が「附け上つて困る」といふ。

さらに、「世間の事はさう理屈固めのみで通用すべきものではない。多年の慣習をも多少顧慮せねばならぬ。人情の赴く所を解せずして、露骨に其の権利を主張するのは、彼等に取つて悧巧《りこう》なる処世術ではない。（中略）彼等にして徒らに其の不平を訴ふることをやめ、よく自から覚醒して是等の人々と歩調を一にし、社会の進歩に後れざらんことを努むるに於ては、完全なる融和は期して待つべきものであらう」。そして「一般社会の人々が彼等の悲愴なる叫びに聴きて、深く反省する所がなければならぬは勿論であるが、それと同時に彼等亦覚醒自重して、世の侮を禦《ふせ》ぐの準備がなくてはならぬ。余輩は彼等の所謂悲愴なる叫びに満腔《まんこう》の同情を表すると共に、敢て忌憚なき苦言を呈したい」と述べる。被差別部落の人びとに「同情」を寄せたはずの喜田が、一見、掌を返したように被差別部落の人びとの責任を追及するかのような挙に出ているのは、「人種」の違いが否定されたあとに指摘される、部落民自身の「進歩の後れ」、「世間への色眼鏡」といった問題を直視しないかぎり「人情の赴く所」と背反するばかりで、「融和」の実現はありえないとする喜田の、ある種の現実主義的かつ被差別部落の人びとの心痛を思いやるがゆえの苦言であったといえよう。喜田を批判することは容易いが、「人種」の境界が後退したあとにのしかかる、そうした認識の壁の高さを物語るものといえよう。

中江兆民の弟子として知られ、明治期には『芸備日日新聞』の記者として透徹した部落解放論を展開した前田三遊《まえださんゆう》も、ここでは「大切なのは、どうしても精神的向上である。その自卑自屈の年を去るにある」と述べるのであった（広島　前田三遊「満地荊棘」）。

喜田は、「地方部落研究並に報告」を設けた。そこには甚だしきは、「殊に当地の人は彼等の「肋骨」が九本で、一本足りないといつて居ます。又彼等の由来についても全く不明です。併《しか》し私一己としては、彼等は帰化人の子孫ではないかと疑ひます」（鳥尾正一「越中氷見郡のトーナイ*」）といったような投稿まで登場し、ほかも少なからぬものが、すでに見た『特種部落改善の梗概』に書かれたようなステレオタイプの被差別部落民像であり、それは十分に「人種」に代替する役割を担いかねないようなものであった。しかしながら喜田は、「願くば大方の同好各位、ますく本誌の為に有益なる資料を供給せられて、自分の此の研究を助けられたい」と述べるように、部落史研究のために虚心坦懐に資料を集めるという姿勢を貫いた。

*近世の賤民身分である藤内。第一章一〇頁参照。

「編集雑感」において喜田は、「編集の不行届」を詫びつつ、このようにいう。「繰り返し言ふ如く、自分は一学究で、もとより自から部落改善救済等の衝に当るものではない。たゞ自分の民族的研究の一部として、是が調査に着手し、其の資料を集めるのを主なる目的として、此の特別号の発行を試みたのである。幸に我が同好各位の同情によつて、自分の目的は半ば達せられた。而して若し自分の此の研究が、幾分にても一般世人を覚醒し、部落の人々を自覚せしむるの資料になるを得たならば、是れ実に望外の幸である」。喜田の意図は、ひとまずこうして果たされつつあったことになる。

「人種」と「民族」

坂野徹によれば、「民族」は「伝統を継続して歴史的に担ってきた主体」であったが、大正期初頭の高木俊雄ら『郷土研究』に集う人びとにより、生物学的概念である人種に対して歴史的概念として用いられるようになり、そのことによって「日本人種論はその確固たる基盤を与えられることになる」。すなわち「生物学的な意味での人種と文化・歴史的な意味での民族の区別を前提に、文化や歴史の面で共通性をもつ日本民族（大和民族）という統一体を措定すれば、こうした問題はとりあえず解消されるだろう。たとえ日本人が生物学的な意味における人種でなかったとしても、文化や歴史の面で高度の統一性をもつ集団であると考えれれば、その生物学的な組成を含めて起源を問う研究は一応可能となるからである」〔坂野二〇〇五ａ〕。

そのようななかで、被差別部落起源論は、とりあえずこうした喜田の営為をもって生物学的境界を意味する人種論と切り離されることになった。すなわち、これ以後、内務省はじめ行政当局が記した文書から、人種、民族の違いを説いたこれまでのような記述はほぼ見られなくなり、同化融合論が〝公的言説〟になったといってよいであろう。しかし、人びとの認識においては、民族概念の曖昧さゆえにそのなかに包摂されたり切り離されたりしながら、今しばらくは「人種」ないし「民族」起源論が浮遊することとなる。

鳥居龍蔵もまた、喜田のこの営みの前年に世に問うた『有史以前の日本』(磯部甲陽堂、一九二五年、初版は一九一八年)においては、「民族の統一性」という観点からの「日本人」理解に立っており、「国津神すなわち固有日本人」、つまり「固有日本人なるものは朝鮮を経て北方民族が漸次渡来し、長年月間こゝに土着して聚団《しゅうだん》をなしたるもの」であった。そして鳥居によれば、そうした日本人の主要部分を占める「固有日本人系」の次に位置するのが「インドネジアン」すなわち「一般に謂ふところの馬来人種」であった。さらにはそれに銅鐸をもたらした苗族《ミャオぞく》系統の印度支那民族が加わり、「要するに日本人は単純なる民族ではなく、以上の複雑せる数種族が島帝国を集成して居るのであ」り、「只独り此の間に帝室のみは連綿として同一系統を続けて来て居らるゝのであつて、これは実に世界に類のない事である」という。* すなわちそれは、人種的複雑性の指摘から植民地支配正当化への横滑りをも意味し、日鮮同祖論もそうしたところからできあがっていったものにほかならなかった。他方、長谷部言人《はせべことんど》もまた日本人の起源を「混合融和」（同化）に求めた〔坂野二〇〇五ａ〕。

＊坂野は、統合の中心に皇室があり、他の民族を混血（同化）によって内に取り込みながら成長したものが「固有日本人」なのであり、それは明治以降の日本帝国がたどってきた歴史の反映にほかならなかったというが〔坂野二〇〇五ａ〕、「固有日本人」ではなくそれを含む「日本人」であろう。

こうした当該時期の人種論・民族論のありようのなかで生まれてきた喜田の部落史研究が、「人種がちがう」「民族がちがう」という言説の公然たる使用を断ち切る効果をもったことは画期的であると同時に、そのあとに残る「後進性」という徴表、そしてそれを示す「後進部落」という表象が、しばしば「民族」と同様の機能を果たし、それが隠然とつづく「人種がちがう」という認識と織りなしながらその後に引きつがれていったことは重要である。

3　「階級」による「烙印」の消去

「民族」という自己表象

喜田の研究が世に問われるのと並行して進行していた第一世界大戦後の人種平等、人類平等を謳う世界的な潮流は、言論空間から人種起源説を後退させ、それに抗する声をあげることを後押しした。そのようななかで、被差別部落の人びとは、お為ごかしの同情を排し、自らの力で部落解放を実現する途を模索していく。

そうしたなかで世に問われた、社会主義の立場からの佐野学「特殊部落民解放論」（『解放』第三巻第七号、一九二一年七月）にも影響されながら*、一九二二年三月三日、全国水平社が立ち上げられた。京都市にある岡崎公会堂で行われた創立大会の場で、「綱領」「宣言」が朗読された。朝治武が明らかにしたところによれば、「宣言」の起草には、西光万吉《さいこうまんきち》の草稿に添削者として関わった平野小剣の文言が反映されており、また「綱領」中の第一項「特殊部落民は部落民自身の行動によって絶対の解放を期す」と第二項「吾々特殊部落民は絶対に経済の自由と職業の自由を社会に要求し以て獲得を期す」

は平野の提案によるものであった〔朝治一九九九〕〔朝治二〇一二〕。そして「宣言」中の「吾々がエタである事を誇り得る時が来たのだ」（傍点――原文）は、「烙印」を「誇り」に転化するという水平社を立ち上げた精神の核心を示す文言であり、これを抜きに水平社の意義を語ることはできない。

＊佐野をはじめ水平社創立期における部落民認識を分析した関口寛の研究がある〔関口二〇〇七〕。

「特殊部落民」という差別語、あるいは「エタ」「穢多」という賤称語をあえて用いたのは、朝治がいうように、それらによって差別を受けてきたことへの闘いの意思の表明であったと考えられる。朝治は、西光の影響のもとに「人間」という言葉が多用されていることを指摘しており〔朝治二〇一二〕、私は、阪本清一郎の提案によるとされる〔朝治二〇一二〕「綱領」中の第三項「吾等は人間性の原理に覚醒し人類再考の完成に向つて突進す」や「宣言」の「人間に光あれ」といった「人間」を用いての抽象的な表現のなかに、永久革命としての性格を見てと

10　水平社の人々
後列右：平野小剣，前列左：阪本清一郎，同右：西光万吉．

る。鹿野政直が、抑圧の度合いが強ければ強いほど、それから解放された状態は抽象的とならざるをえないと指摘したように〔鹿野一九九三〕、まさに差別からの解放は永久革命なのである。

このような背景のもとに水平社は、自らを「民族」に近似したものとして表象し、「エタ」としての誇りを打ち出した。しかしながら闘争の武器として用いた「民族」や「エタ」という言葉が、ふたたび差別のための徴表として作用する側面もむろん存在したと思われる。一九二五年には、東京で今日の文化人類学につながる学会が組織され（名称不詳）、柳田国男・岡正雄らによって機関誌『民族』が発刊された。イギリスの社会人類学者で文化伝播説を採るW・H・R・リヴァースの論文が第一巻第一号に掲載されるなど文化伝播論の色彩をもつ一方、岡は生物学的、心理学的方法を排除し、もっぱら文化事象の独自性を強調していたといい〔山路二〇〇六〕、「民族」への関心が高まりつつあるこうした雰囲気のなかで水平社の人びとも、「民族」を自らの表象としていったのだといえよう。

「特殊部落一千年史」

『特殊部落一千年史』（一九二四年、更生閣）は水平社が立ち上げられてからまもなく、高橋貞樹によって書かれたものであり、この時期の水平社左派に集う人びとの自己表象の一つを示しているといえよう（引用は、岩波文庫版『被差別部落一千年史』沖浦和光校注、一九九二年、による）。高橋は、一九二三年一二月一日に、松田喜一・木村京太郎らと全国水平社青年同盟を結成し、水平社のなかの共産主義グループの中心に位置していく。

「特殊部落」と冠した表題の高橋による命名も、まさに差別語を自称として引き受けて闘争宣言をした水平社創立時の精神に倣うものであったと考えられる。「特殊部落民」という呼称を用いることについては、高橋は特に何も記していないが、「序文」に「書の成るに際しては、佐野学氏に追うところ少なからぬ」とあり、また前述した佐野の「特殊部落民解放論」に言及しつつ「氏の著書論文を参照したところは多い」と述べており、「特殊部落」という呼称もその影響下に用いたものであろう。

同書に「水平社会の境界標」というサブ・タイトルがついていたことはあまり知られていないが、その意図について、同じく「序文」で高橋は、「水平社同人が未来に描く水平の社会——すべての人々が同一線上に立つ、征服者なき無搾取の社会に到達するために、それが境界線となり、目標となり、部落民の暗澹《あんたん》たる過去と光輝ある未来とを分かつ画線《かくせん》ともならばとの意である」と述べている。続けて高橋は、一九二二年に執筆を企てたが、宣伝・運動・旅行に妨げられて進まず、病に罹ったことでようやく取りかかる時間ができたものの、関東大震災・検束、そして病勢の昂進に妨げられて「厖大なる著となる予定を極度に短縮して」完成に至ったことを記す。したがって病が奏功して完成に漕ぎ着けたとはいえ当初の計画を縮小せざるをえず、また本書が出版されたことの喜び以上に「水平運動の戦陣に立つ能わざるに至った私の病弱を限りなく悲しむものである」とあり、同書は思うように運動を担えなくなった無念さを込めて書かれたものといえよう。執筆時の高橋は、まだ一九歳の青年であった。高橋はその後運動を続けるが、一九三五年、獄中で結核が悪化して刑の執行停止となり、まもなく三五歳の若さで死去した。*

*詳しくは、沖浦和光「解説」(前掲『被差別部落一千年史』)、同「日本のマルクス主義の一つの里程標」(『思想』一九七六年一二月〜七七年六月)、同「青春の光芒——異才・高橋貞樹の生涯——」(『ちくま』二〇〇七年六月〜二〇一二年三月)を参照。

同書は、「第一編　特殊部落の歴史的考察」と「第二編　特殊部落の現在と水平運動」の二部構成から成る。

第一編「第一章　特殊部落の史的背景」の冒頭に置かれた「一　特殊部落民の回顧と展望」は、水平社「宣言」よりもはるかに長文だが、実は明らかにそれのパロディであり、「全国に散在するわが特殊部落民の痛苦は長い」にはじまる。「歴史は解放の過程であ」り、「在来の人類史は、無産者と被圧迫者との血と涙とをもって書き綴られている」という。難解な文章だが、「地上には、呪われたる奴隷の反逆の叫び声と、解放への途を喘ぎつつ引く鉄鎖の音とが強く響く。そこには正義の理想を達しがたき遙かなる惑星のごとく照らしたるに過ぎなかったが、しかも圧迫者の鞭の下に衄《ちぬら》れつつ、人類は解放の過程を進んで来た」という一節には、解放の道程がけっして容易ではないこと、そして、にもかかわらずその困難に立ち向かおうとする決意が表明されている。だからこそ、「社会のどん底に、畜生よ四つ足よと罵《ののし》られながら、獣を屠り、その皮を剥《は》ぎ、その肉を喰う一群の人々が呻いていた。悲しくもその人々に、人間の権利はなかった。生々しき人間の皮を剥ぎ取られ、暖かい人間の心臓は引き裂かれていた」と述べられ、そこに続く、水平社宣言の「吾々がエタである事を誇り得る時が来たのだ」に代わる文言は、「これがエタであった。われわれの祖先の運命であった」なのであった。

高橋の慟哭は続く。

われらの歴史は、実に強者の鞭の下に脅かされる弱者の哀史である。奇怪惨酷なる圧抑と陰鬱悲惨極まりなき階級闘争――特殊部落一千年の歴史は、ただ兇《きょうもう》猛なる力圧と果敢《はか》ない忍辱《にんにく》の歴史であった。共産制を体制とする原始日本の自由社会が破れて以来、われらが先民は奴隷制の苦役と収奪とに苦しみ、封建時代に入って惨憺《さんたん》たる穢多・非人の制度を現出し、さらに維新後半世紀、圧し来《きた》る貧窮と飢餓との裡《うち》に、大いなる潮流の深淵を前にして突立っている。

「誇り」を謳い、闘争宣言を発して差別糾弾の闘いを続けてきたにもかかわらず、それから二年あまり、水平社運動への反発も加わっていっそうきびしい状況に向きあっている状況をうかがわせる。

そのあとに高橋は、被差別部落の起源に言及していく。本文の「第三章　特殊部落の起源としての中古賤民」でも名前が登場するフランツ・オッペンハイマーの群闘争説に拠りながら、「被征服の奴隷ないし帰化人」が征服者によって宗教的抑圧を受けた存在として説明されていく。そうして「人種

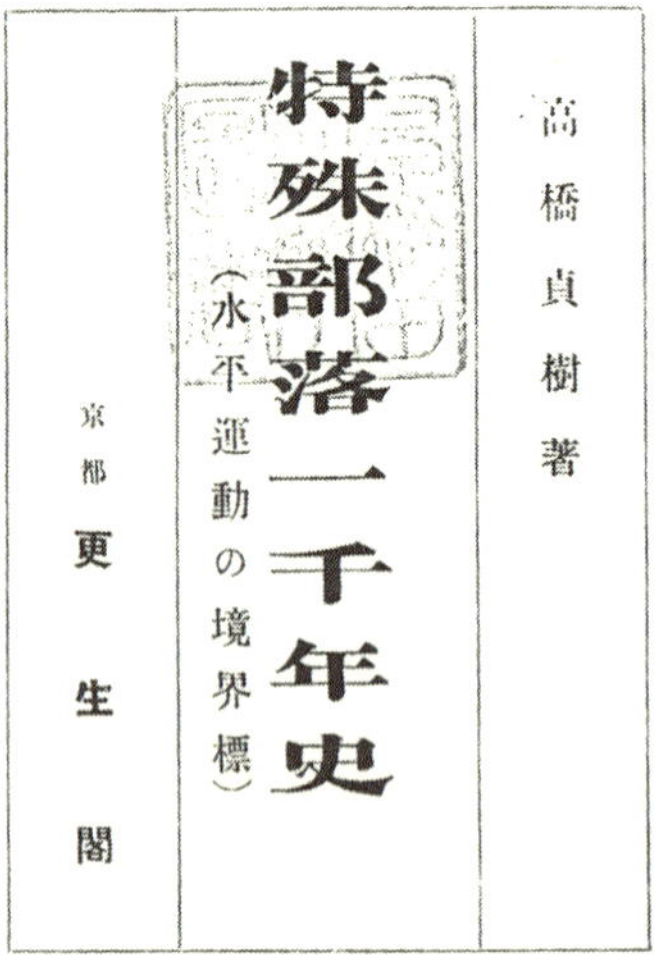

11　『特殊部落一千年史』表紙

的に見れば、日本民族は混合種族である」「国家成立以前に、少なくとも四種ないし五種の人種系統が存在していた。」「支配者は、種族的反感をもってまず嫌悪する。すでに混合した複合民族である以上、その一分子を特に嫌悪する理由はないのである。（中略）社会の進化は間もなく種族的反感を消滅させ、また種族として特に区別することが全くできなくなり、そのかわりに強い人為的な賤視観念がこれに代わる」と説明され、「部落民一千年史の区画」は、

第一期　種族的反感と宗教的感情から職業賤視を来した時期（発生時代から形成時代、戦国時代の終わりまで）

第二期　法制上にも明白に賤視虐待された「特殊部落の制度の暗黒時代」（徳川封建治下）

第三期　完全なる社会的迷信として存続する時期（一八七一年以後）

と提示される。

そうしてその第三期の「今、全国六千部落三百万人の兄弟は、耐えがたき侮辱と迫害を耐え忍びつつ、また澎湃《ほうはい》たる資本主義の波濤《はとう》に圧迫されて苦痛は絶頂に達している」のであり、それゆえに「水

平運動は、当然に起こりきたるべき歴史的意義」を有しており、「部落民の真の歴史を理解することは、この運動を打破するために必要である」という。そして、「エタも人間だと叫ぶ時が来た。悠久なる人類前史の終わりに近く、今、一千年来の屈辱の血涙もて染め上げられたエタの旗を掲げる時が来た」といい、「かつて石礫《せきれき》のごとく白刃の飛来に泣いたエタの子よ。この惨苦をなめきった階級が、このプロメイトイスの階級のみが、やがて解放されたる人類の洋々たる前途を展開する」と結ぶ。

「第三章　特殊部落の起源としての中古賤民」では、奴隷は「特殊部落の最も遠き始祖」であるとし、異種群団の間に戦争が行われ、優者による弱者の政治的支配の結果、その産物たる奴隷が被征服先族となって、被征服階級賤視の欲望と結びついて賤業を強制するにいたったと述べる。一九二三年に大山郁夫が著した『政治の社会的基礎』でもオーストリア学派のオッペンハイマーやグンプロヴィッツ、ラッツェンフォファーの群闘争説が、マルクス主義との齟齬を意識することなく摂取されており〔黒川二〇〇〇〕、ここでも、そうした群闘争説が風靡していた状況のなかで、部落問題は階級一元論で説明することは難しく、多元的国家論が依拠するに便利なものであったがゆえに援用されたのだと考えられる。

高橋は、中世を「暗黒時代」としつつも、「特殊部落の制は、近世徳川封建制の下においてさらに哀れなる姿を現出する。（中略）この時代には古代にあった本来の種族的反感は社会から消え去ったが、全く人為的な反感がこれに代わった」と述べるのである。

「真の無産者」

「第二編　特殊部落の現在と水平運動」では、「近代日本の資本主義の諸要素のうちには、なお多くの依然たる封建的要素を保有している」という「明治維新の妥協的性質」ゆえに痛苦から解放されずにある部落民のおかれた状態と、産声をあげてまもない水平社の意義を明らかにすることに精力が注がれる。

次のように述べる。「賤民というがごとき観念は、一つの空虚なる歴史的概念である。一部の社会群を特定の賤者として排斥する。種族的反感は歴史的には重大な役目を演じたが、今日すでに妥当性を失い去った。しかるにわが国には穢多という賤視観念はあくまで残って、暗黙の裡に恐ろしき影を投じている。部落民賤視の観念は、不測の発達をした資本主義によって助長され煽動されたところ少なからぬ。特殊部落民は封建的階級の最大の犠牲であり、現代に至ってもその羈絆《きはん》を脱せざるものである」。さらにいう、「この大集団は、一般社会と全然孤立した社会群である。心理的には普通民と全く隔絶している」（傍点――引用者）と。そして「部落民の生活状態が多年周囲と隔絶していたがため、すべての程度において立後れたる姿あるはやむをえぬ。しかしながら、そのゆえに差別すべき何らの理由もない。が、部落民賤視の観念は、封建時代そのままの状態を存続せしめ、互いに憎悪、冷遇、嫉視、憤怒、反目、敵対等の悲しむべき状勢をひき起こしている。個人関係としても、村落関係としても、大いなる溝渠《こうきょ》を隔てて対している」。

高橋は、「第六章　水平運動の社会的意義」で「部落民は歴史的に被搾取者であり無産者であった」と述べるのだが、それは単純に階級に一元化されるというものではない。「部落民のうちの経済的実力のあるものは、しだいに同化する。しかし、無産部落民は、その力を持たぬ。ただ無産部落民がもって力とするのは、かえって真の無産者たるにある」。「一般市民社会に溶け去る」＝「有産部落民市民化」とは異なり、「特殊部落の徹底的解放は、新しき生活への闘いによって、新しき正義の上に立つ社会的の大変革によって、すなわち「水平社会」の実現を見て初めて期し得られる」と述べ、「無産部落民」として「新しき正義」を求め続けることによって実現するものと考えられていた。高橋は、「立後れたる」ことに「無産部落民」となる原因を求めるが、かと言って、ブルジョア階級の仲間入りをすることは解放とは考えられなかった。部落民の起源となる集団を「群」と置き換え、群闘争説に依拠することにより、「部落民」という集団の位置づけが可能になったのである。それゆえ「無産部落民がうわべだけでなく、真実に自己の実力によって解放せんとする運動」（傍点――原文）こそが水平運動であり、無産階級への単純な「同化」ではなく、もちろん「有産部落民」のように「市民化」することでもなく、「真の無産者」でありつづけることにこそ、運動の担い手たりうる意義が見出されたのであった。

ちなみに高橋は、「第一、二編の大部分または全部にわたる参考書」として、部落史に関しては、柳瀬頸介と喜田貞吉の著書を上げており、中江兆民（「新民世界」）や前田三遊などとともに両名の営為を高く評価していた。

「部落民」の消去

そのようななかで全水青年同盟は、一九二四年二月に機関誌『選民』を創刊し、「教化と訓練」による第二期運動への転換、すなわち水平社運動の階級闘争への進出を牽引していった。そうして、一九二五年の全国水平社第四回大会で規約の、翌二六年の第五回大会において綱領の改正が行われ、全国水平社において全水青年同盟グループを中心とする共産主義派の主導権が確立していくなかで、『選民』は、一九二五年八月に『青年大衆』と改題し、翌九月一八日には全国水平社無産者同盟に改組する。

それの「創立大会議案書」は次のようにいう。「特殊部落の有産者（地主、家主、高利貸、大中商人等）と吾々とは何等の階級的連帯はなく、あるものは決定的敵対であって、市民化せる有産部落民は吾々の解放戦の積極的な妨害物であることを記憶せねばならぬ」「彼等の額には特殊部落民の烙印が消えている」（渡部・秋定　補二）と。この一連の主張は、創立時の水平社、そして草創期の全水青年同盟が幾分なりとも持ち合わせていた「部落民」という自己認識を消去していく過程にほかならなかった。『青年大衆』を紐解いても、部落問題の記事は皆無に等しい。「部落解放運動」から「無産青年運動」へと転じた『青年大衆』は、「水平社青年同盟が水平運動という部分的な運動から――よしそれが該運動内における革命的任務を果して来たにしても――全国的な無産青年運動に進出したと言う事は、明らかに一段の進歩である」（第一九号、一九二五年八月一五日）と述べ、自らの使命を、革命のための部分的運動から全般的運動へ、積極的運動へ（第二〇号、一九二五年九月一日）と位置づけていくのであった。

このような認識は、すでに水平社創立時に、第一次日本共産党の中心メンバーであり高橋が師事していた山川均《やまかわひとし》が、「特殊民の権利宣言」と題して次のように述べるなかに示されている。「今日迄の謂ゆる「特殊部落改善」の第二の誤りは、特殊部落を特殊部落として改善しようとする点にある。……斯《か》ような差別観から出発した「特殊部落の改善」が、どこ迄進んだところで、それは益々差別を確立するばかりで、差別の撤廃に達し得ぬ事は云う迄もない」（『前衛』一九二二年四月）。すなわち社会主義によらなければ差別からの解放はありえないとし、逆に社会主義になれば差別からの解放が実現されるとの希望を与えるものであった。そうして後者の社会主義に身を委ねる他律主義が席捲していった。それには、社会主義者たちの、たんに水平社の人々を階級闘争の戦力の一員としか見なさない「他者感覚」の欠如も小さからぬ一要因となっていたと考えられるが、被差別部落の当事者にとっては、部落差別からの解放は蔑《ないがし》ろにされてよいはずはなく、「部落民」という自己認識を消し去ることに差別からの解放への一歩を夢見ていたのだといえよう*。

＊詳しくは〔黒川一九九九〕第四章―4で述べたのでここでは繰り返さない。

高橋は、関東大震災後、東京から大阪に拠点を移し、水平社の教育宣伝部門を担当していたが、一九二六年四月から二年間、日本の革命組織を代表してモスクワに留学し、世界の共産主義運動の拠点であったコミンテルンで通訳として働き、一九二八年の三・一五事件で共産主義者たちの一斉検挙があり運動が大きな打撃を被ったという報に接して運動再建のために帰国する〔沖浦一九九二〕。しかしながら、こうして高橋がいったん日本を離れていたことが、水平社運動が階級一元論に傾斜していく直接の要因だったとは考えにくい。「特殊部落一千年」の歴史を顧みた高橋も、被征服群を構成していた被差別部落の人びとが無産階級に流れ込む途を見つけることができるならば、それは願ってもないことであった。ただしその場合には、部落民以外の無産階級との真の意味での双務的な連帯が前提とされ、期待されていたことはいうまでもない。

このようにして「無産階級」というアイデンティティを獲得することにより、もはや被差別部落の起源を問題にする必要性は後退していった。むろん全国水平社も、すべて階級一元論で統一されていたわけではない。そうした主流のあり方には同調できない人びとが、一九二五年一〇月一八日に全国水平社青年連盟を、一九二七年一月には日本水平社を結成している。それらは、あくまで草創期水平社の紐帯となっていた「エタ意識」、あるいは「ブラク民」としての「兄弟意識」にこだわった点で共通の要素をもちながらも、全水青年連盟は階級意識を前提とし、後者はそれを否定するという違いを伴っていた。とはいえ、両者ともに、差別の不当性を告発し糾弾するという手段を獲得した以上、大和同志会のように誇りに結びつくような起源を見出しそれを拠り所にするという方法はあまりに迂遠であり、それゆえ起源は問うことなく、とりあえずは人為的に創られた「部落民」という境界を前提としながら、ゆくゆくはそれを消し去るために闘っていったのである。

続けられる起源論による啓蒙

『特殊部落一千年史』の叙述にも影響を与え、人種起源説打破の戦陣を切った喜田貞吉は、その後も、『民族と歴史』(一九二三年一月より『社会史研究』と改題)に毎号連載した「学窓日誌」に、絶えず部落問題、そして水平社の動向について綴った。喜田はいう。「自分が特殊部落に関する種々の材料を集め、歴史的にその起源沿革を研究するゆえんのものは、一方では自己の学問欲を満足せしめるにあるけれども、一方ではまたその本来なんら区別するところなき同一日本人なることを宣伝して、世人をして彼らを区別し疎隔することの不条理なることを暁《さと》らしめ、一方には彼ら自身をしてよく自己の何者なるかを自覚し、奮発自覚せしめるの機会を作りたいと思うからである」と(「特殊部落解放運動」一九二一年九月一一日・『民族と歴史』一九二一年一一月)(喜田一二三)。しかし、喜田は、水平社が糾弾闘争を繰り広げていくのに対して、「かえって一般民衆を団結せしめ、ますますその距離を遠からしめるものであっては、その将来が案ぜられざるを得ぬ」として、糾弾という手段に出ることに反対の意見を表明した（「水平社と国粋会の衝突」一九二三年三月二二日・『社会史研究』一九二三年五月）〔喜田一二二〕。もとより当該時期の水平社は、喜田のような非社会主義者との連帯までは射程に入っていなかったが、喜田は融和運動の側に協力することはあっても、水平社に影響を及ぼすことはほぼなかったといえよう。

しかしながら、先にも述べたように、部落問題やアイヌ民族問題などの差別問題への関心はことのほか強く、被差別部落の人びとに対する差別意識の一局面である「残忍性を子孫に遺伝している虞《おそ》れがある」といった認識（「部落民と残忍性」一九二三年四月一二日・『社会史研究』一九二三年五月）〔喜田一二二〕や、「「筋が違う」という誤った観念」などを俎上に載せ、「真に世人をして彼らを理解せしめるには、まずもって歴史的にいわゆるエタの由来、変遷を明らかにせしめ」ることであるとして、そのために尽力を続けていたのである（「いかにして世人を理解せしめんか」一九二三年四月二四日・『社会史研究』一九二三年六月）〔喜田一二三〕。

それはとりもなおさず、水平社が差別意識の氷山の一角を明るみに出しつつあった一方で、いまだそのような認識が社会の底流に脈々と存在していたことを示していた。

4 「日本民族」への包摂

「国民」のなかの「少数同胞」

アジア・太平洋戦争下においては、植民地・占領地の人びとをも大日本帝国のなかに包摂せねばならず、その最も顕著なかたちが、日中全面戦争開始後に展開されていく皇民化政策であり、被差別部落に対しても「国民一体」に包摂する論理を改めて打ち出す必要があった。

一九二五年に平沼騏一郎《ひらぬまきいちろう》を会長に、内務省の外郭団体として、全国の融和団体を統轄する役割をもって設立された中央融和事業協会は、この時期に「国民一体」創出のための方策に着手していった。

一九三〇年代には、「一部同胞」(一九三三年、内務省社会局長官訓示、『融和事業研究』第二七号、一九三三年九月)や「少数同胞」という呼称が『融和事業研究』誌上で用いられていた。とくに後者が主で、たとえば「その大御心を持つて我々の血を分けた少数同胞と融和するにあらざれば、いつの日になつても霊肉一如たる融和の美果は断じて結ばれないこと、信ずる」(長浜庫一「融和教育の一断片」・『融和事業研究』二七号、一九三三年九月)というように、成り立ちは曖昧にした上で、あく

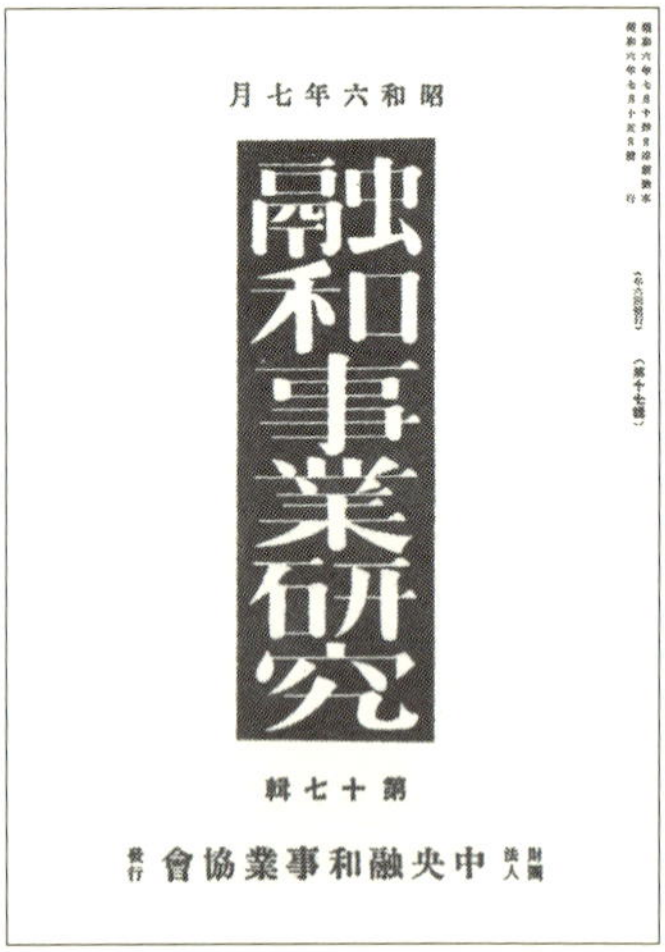

12 『融和事業研究』表紙

まで「国民」のなかの一部少数者にすぎないことを強調するものであった。

その一方で、一九三〇年代前半には、マルクス主義者の間で日本資本主義論争が展開されたことに示されるように、部落問題をめぐっても、一九三〇年代半ばまでは、即座には天皇赤子論に吸収されえない、かなり自由で高度な社会学的議論が展開されていた。

たとえば、溝口靖夫『我国社会史に現はれたる差別感情とタブー』は、中央融和事業協会機関誌『融和事業研究』第三四号（一九三五年六月）の特集号として刊行されたもので、それは、通常人々が抱いているとされる、「少数同胞がその起源に於て、普通民と何等か人種の異りたるものならんとの漠然たる考」を打破するために書かれた。溝口は、「一般国民中に、殆んど先住民又は帰化人の血統の混ぜざるなき今日に於て、独り部落の人々のみ純大和民族系なりと断ずるは困難なことである」と、逆説的に部落の起源の特殊性を否定した上で、明治以後も差別が存続してきた要因を、①職業、②人口の増大による生活不安、③経済的原因によるところの生活様式、④タブー的要因に求め、とりわけ④のタブー的要因こそが「歴史に於ける真の差別原因」であるとする。彼によればタブーは、「元来は一つの純粋なる宗教意識又は観念であるかもしれないが、それが一つの社会的制度となる時は、人々の功利心も働くであらうし、社会的な伝習や風習も働きかけるのであ」り、ある場合には、「権力者の創作する処ともなり、又或時は、人々の功利心により、又社会的衝動により成立することともなる」という。

小熊英二によれば、アジア・太平洋戦争後半の時期になると、皇民化政策の高まりとともに混血のおそれが大きくなってきたことを一因として、白鳥清をはじめ海軍省主催の思想懇談会メンバー（阿《あ》倍能成《べよしなり》・谷川徹三・和辻哲郎ら）に純血論が台頭し、さらに戦局が不利となった一九四四年ごろには混合民族論はほとんど消えるが、満州事変・日中戦争からアジア・太平洋戦争前半の時期には、「ナチス型の排外主義ではなく、天皇家中心の民族同化主義」であるところの混合民族論が高唱されていた〔小熊一九九五〕。

溝口は、神戸女学院で教鞭を執ったキリスト者であり社会学者であった。溝口の主張も、そのような混合民族論隆盛のなかで登場したものであったが、そうした議論をよそに、民衆レベルでは、溝口いうところの「生活様式」や「タブー」が依然「人種」と同じ意味をもって機能しており、溝口も、被差別部落外の人との間に恋愛が成立しても、「個人主義社会に非らざる我国の家族制度」ゆえに、「仮に両親又は家族の了解ある場合も、多くは親戚の反対に遭遇して破綻となる」ことをあげる。

ほかにも、溝口がかなりの程度下敷きにした下地寛令「融和問題の社会心理学的研究」（一）～（五）

（『融和事業研究』第九〜一三号、一九三〇年二月〜一九三〇年一一月）も、「一部同胞と一般同胞との間に種々の差異のある事は明である」と断じて、溝口よりもより明瞭に「差異」に注目していた。それは、被差別部落側に決定的な負の烙印を押すものではなく、また「人間平等の思想」を「此等の諸方面に於ける多くの差異にもかゝわらず、人間として人格としては何等の高低軽重差別がなく万人尽く一個の人間であり人格であるといふ事」（「平等思想の由来――融和運動の指導原理に対する再批判――」（二）、『融和事業研究』第二六号、一九三三年六月）と定義した上で、「差異」を補うものとして、「仏蘭西《フランス》革命前後の澎湃たる自由平等の思想」を拠り所に人格の平等を高唱した（同上、（四）、『融和事業研究』第二八号、一九三三年一二月）。

「差異」を前提とした異集団の結合のあり方に対する社会学的研究は、『融和事業研究』誌上に掲載されたものに限っても、部落問題を主題としないものも含めると、三好豊太郎「融和問題の基礎理論としての社会結合の研究」（上）（下）（『融和事業研究』第一八・一九号、一九三一年九月・一一月）や、清水幾太郎「人類としての結合について」（一）〜（三）（『融和事業研究』第一九〜二一号、一九三一年一一月〜一九三二年三月）、広岡融「部落の郷土科学的一研究」（『融和事業研究』第三二号、一九三四年一二月）などをあげることができる。なかでも広岡のそれは、「一般部落と所謂部落との異質性同質性をも重要視すべきであ」り、その上で過去の解放運動を再批判することをめざし、自らの生まれ故郷である奈良県宇陀郡神戸村の一部落について、歴史から現状にいたるまでの詳細な調査を行ったものとして注目される。結婚問題についても分け入った調査をし、被差別部落では自由結婚が行われていること、従兄弟間をはじめとする部落内婚姻が多く、その結果部落内は濃密な親族関係にあることなどを指摘している。冒頭に掲げた課題についてはいまだ抽象的な提起にとどまっているが、とはいえ、差別の徴表となり人種主義を形成してきた〝実態〟を直視することを回避せず、被差別部落の内部からまず「所謂部落民心理」の負の側面をも見据えた上で「内部自覚」を高唱し、同時に融和運動に携わる人々の部落認識の不十分さを鋭く指摘したものとして、画期的であったといえよう。

植民地に対する同化政策の実証的研究や欧米のユダヤ人問題政策に関する研究も紹介された。高岡高等商業学校教授でのちに文部省社会教育観として融和教育に携わる小山隆の「欧羅巴《ヨーロッパ》に於ける同化政策の研究」（一）～（完）（『融和事業研究』第二六～三〇号、一九三三年六月～一九三四年六月）は、部落問題を民族問題と比較しながら、部落問題は「民族内部同胞の問題」であるが、両者には「上位を以て任ずる側の者がもつ一種の賤視観念である」という共通点があり、「この観念が民族的融合を妨げる大きな癌であると共に、又部落問題に於ける宿痾《しゅくあ》である」と述べ、それを除去するためには「生活様式の差異を除くことに主力が集中されることは至当」であると論じた。

遠藤利男「欧米諸国に於ける人種及階級間の融和策」（『融和事業研究』第二五号、一九三三年三月）は、部落問題をユダヤ人問題に比定して、「ユダヤ人が基督《キリスト》教徒となり、ドイツ人が知識の向上によつて異宗徒を迫害することの非を悟つたるが如く、理不尽がる待遇をうけてゐる、我国一部の人々はユダヤ人の良き点を学び忍耐を必要とし、又、社会生活において他の人々と相異した点があるならばその点を改めることである」と述べ、究極的には「差異」をなくすべきことを説いた。当該時期にあっては、このように、被差別部落の「差異」性を解消すべきものと見なす場合に、植民地やユダヤ人問題などの民族問題が引き合いに出されることが多かった。

とはいえ、部落問題に言及したこれらの研究におおむね共通するのは、部落問題の本質にかなり迫りえており、その地点から当該時期の部落問題認識や差別観念の問題を重視している点であり、かつまた社会科学的見地から自由に学問的議論が展開されていることであった。すでに見たように、そのなかでしばしば「差異」への着目も行われたが、「差異」を、尊重し保持すべきものと見るか最終的には除去すべきものと見るかはさておくにせよ、それらの研究は、「差異」をバネに結集し、「平等」の権利獲得のための運動を推進していく現実的担い手を発見しきれておらず、普遍的平等思想としての抵抗の砦を築きうることなく、しだいに議論の場から失せていく。結局それらは、「差異」を過渡的なものと見なすことで人種主義と「一君万民」論との接合を果たし、「国民一体」を成し遂げるために政府・協会が「賤視観念」に着目したことに利用されていく。そうしてやがては、「現代日本は温かな同胞相愛、民族一体の国民意識によつて団結し、厳粛な正義感、公平な生活感に基く人格観念によつて邁進すべき立場と時機とに置かれてゐるのである」（国学院大学教授河野省三「国民意識と正義感――所謂融和の基礎――」・『融和事業研究』第一七号、一九三一年七月）というような議論が、それらに代わって席巻していった（黒川一九九九）。

「国民一体」精神の涵養――融和教育

中央融和事業協会主導の融和教育は、そのような流れのもとで推進されていった（川向一九七九）。一九三二年ごろから『融和事業研究』にも融和教育に関する論文が載りはじめ、模索が開始されるが、同年一〇月三〇日、文部次官依命通牒「国民融和ニ関スル件」が出されたのを嚆矢《こうし》として着実に準備が進められていく。

一九三三年八月一一～一五日には、中央融和事業協会主催による初の教育者融和事業講習会も開催され（「彙報」・『融和事業研究』第二七号、一九三三年九月）、同年一二月に設置された融和教育調査委員会は、翌三四年一一月に「融和事業ニ関スル教育的方策要綱」を出し、その「要旨」には、人格尊重・四海同胞の精神の涵養、因襲的差別観念の根絶・自覚に基づく向上発展の精神の涵養と並んで「日本民族ノ成立ヲ明ラカニシ国民一体ノ精神ヲ涵養スルコト」が掲げられた（『融和事業研究』第三〇号、一九三四年六月）。それは、「日本民族」の一体性を強調するものであり、被差別部落の人びとの「日本民族」内部への包摂は、植民地民衆の排除と裏腹であった。そしてそれは、一九三七年の日中全面戦争開始を機に「挙国一致」への参加を表明し、「国家的立場」を優先させて、「大東亜建設」という国家的課題に「国民一体」を従属させていった全国水平社との齟齬もなかった〔黒川一九九九〕〔黒川二〇一一b〕。

この時期に融和教育のなかで複数登場した「日本民族」論では、「日本人を以て全然世界無比なる融和心の豊かなる民族であるといふこと、これは歴史が証明して居る、これは明かであります。（中略）我々の信頼するところでは日本人は種々な民族をこねて今日となつて居る、決して単一なもので、外国を斥けて来たのではない」（東京女子高等師範学校教授倉橋惣三「融和の教育的考察」・『融和事業研究』第三一号、一九三四年九月）というように、日本人の包容力と多民族性を強調することにより、被差別部落も「種々な民族」の一つであったとしても融和の対象となりうる、あるいはならねばならぬことを強調する論法が一つの潮流を形作っていた。

他方で、「日本民族ノ成立ヲ明カニシ」ないまま「大和民族」の一体性を説き、そこに被差別部落をも包含してしまう論も存在していた。神奈川県青和会常務理事を務める植木俊助〔藤野一九八六〕が独自に『融和読本』を編み、『融和事業研究』（『融和事業研究』第二一号、一九三二年三月）に紹介したものも、その一つであった。それは次のようにいう。

日出づる国、日本。皇族の国、日本。万世一系の天皇を核心とし、九千万塊一つになつて、これをとりまいて、天壌無窮と共に窮りなく栄え行く、日本。此の貴い日本国に生を享けた我々は、皆兄弟なのだ。（中略）日本国民は、同一血族によつて形成せられ、皇室を核心とする大和民族を中心として、新附の民を養子養女とし、渾然一体となつたものである。所謂一視同仁であるのである。然るに大和民族である一部の同胞に対して、まるで筋の違つたもの丶様に思ひ込んで、国民の融和統一を害ふてゐるものがあるのである。これを其のま丶に放置して、多数の無知頑迷の徒の思ひのま丶にしたならば、其結果はどうなるだらう。こんな恐ろしい事はあるまい。

ここでは「新附の民」で「養子養女」である植民地の民衆とは別に「同一血族」に連なるものとして被差別部落が位置づけられるのであり、「血族」という絶対的な基準によりその差を歴然とさせることによって、被差別部落の人びとの国家への帰一心を掻き立てるものであったといえよう。

アプリオリに天皇の子孫であることを強調する点で、文部省成人教育課長融和教育調査委員松尾長造の「融和教育の基調」も同様であり、それは「端的に云ふならば他の国々の国民と異りて我々九千万国民は三千年来の祖先の子孫として、一君万民の尊貴なる関係に於て同胞である」としており、それゆえいまだ存在している部落差別は、もっぱら「因襲的差別観念」にすぎないというものであった（「融和教育の基調」・『融和事業研究』第三〇号、一九三四年六月）。

「日本精神」による融和問題の「解決」

先にみたような多民族国家論と単一民族論が拮抗し合うなかで、一九三五年三月、『融和事業研究』第三三号の巻頭に、「日本精神と融和問題」と題する瀧本豊之助の論文が掲載されたことが、融和教育あるいは融和運動全体が日本主義・天皇主義に収斂していく転機をなしたと考えられる。

一九三五年二月の貴族院での天皇機関説攻撃に端を発した「国体明徴運動」を経て、同年八月政府によって国体明徴声明が出されたのを機に、「国体」思想がタブー化し、天皇の絶対的神格化が完成して「国体」思想は新たな段階に入るが、融和運動の動向もそれと機をいつにしていた。瀧本は筧《かけい》克彦《かつひこ》の弟子を自認する「並はずれた天皇主義者」であり〔中村一九八八〕、彼は次のようにいう。

融和問題は日本精神の弛緩より生ずる。之を解決せんとせば須《すべか》らく日本精神の緊張を計るべし。これを除外して、唯《ただ》に社会問題の一種として、殊に人類愛、自由平等、個性の発揚等総て外国の信仰思想体系を基調として努力を重ぬる如きは、決して問題を解決する所以にあらず、百年河清を待つの感あらしむ。

雑誌『思想』が「日本精神特集号」を出したのが一九三四年五月であり、総合雑誌『中央公論』で「転落・自由主義の検討」という特集が組まれたのが翌三五年五月であったが、部落問題の領域においても「日本精神」という名の国体観念が闊歩しはじめ、これまで平等――それは秩序という皮相的なレベルにとどまるのものではあったが――という普遍的理念を支える思想的基軸となっていた「人類愛」や自由主義が、「外国」のものとして排除されていくようになっていったのである。

被差別部落と民族論との関係については、これ以後、戦時下において議論の進展はなく、もっぱら「日本精神」は差別的関係を孕まないというたてまえ上の説明が繰り返されるのみであった。しかし、そのたてまえが鼓吹されることによって被差別部落の人びとは、そのたてまえと現存する差別との矛盾を認識することとなるが、民衆の意識はたてまえに寄り添うことなく、戦時体制下の抑圧の深まりのなかで、差別感情を保持し続けていたのである〔黒川一九九九〕。

第四章

「人種」という語りの「消滅」／その後

1　「特殊部落」という語り

「政治起源説」による「人種」の語りとの切断

「人種」という語りは、すでに公的には一九一九年の喜田貞吉の研究によって〝消去〟された後も、民衆のなかにはなお存在しつづけたが、それとて一九四五年の敗戦を経て戦後民主主義が高唱されるなかで徐々に克服されていき、「特殊部落」という呼称に象徴される差別は後景に退くはずであった。戦後、『破戒』がふたたび映画や演劇というメディアをつうじて脚光を浴びることとなり、一九四八年に木下恵介が監督を務めた映画でも、部落差別は、新憲法に代表される「自由と平等の精神」のもとで、まだ克服しきれずにある「封建時代の亡霊」（傍点――引用者）として描かれ、いずれ近未来に解消されるはずものというオプティミズムを漂よわせていた〔黒川二〇一一a〕。

そのような状況のもとで、「被圧迫人民大衆」などをはじめ、「特殊部落」に代わる呼称の模索が行われ、部落問題に向き合うフリーライターの角岡伸彦によれば、一九五〇年に、水平社時代からの部落解放運動家である北原泰作によって「未解放部落」という呼称が使用され、一九五〇年代半ばから、歴史家井上清の造語である「被差別部落」が用いられるようになった〔角岡二〇〇五〕。北原が「未解放部落」を用いたのは、自著『屈辱と解放の歴史』（北大路書房、一九五〇年）においてであり、「一　未だ解放されない部落民」の冒頭は「1　未解放部落民とはなにか」から説き起こされ、そこで「未解放部落民」を次のように定義する。

未解放部落民は「民族」でもなく、また「階級」でもなく、封建制度のもとにおける「身分」が完全に解消せずに残された一つの社会階層である。身分というのは法制的、法律的な社会秩序における共通の地位によってむすばれた人間の集団である。

さらにこのようにも述べる。

明治維新の改革によって身分制はなくなり、エタも法律上では解放された。けれども、じっさいには身分関係はいぜんとして残された。日本の資本主義は、封建的な上の身分である天皇や貴族をなくしてしまわず、それと同時に、下の身分であるエタを完全に解放せず、それらをのこしておいて、勤労人民大衆を搾取し支配するためにうまく利用しているのである。かくて、いわゆる部落民とは、封建的な身分関係から未だ完全に解放されない最下層の人民であり、支配階級の狡猾な搾取政策の犠牲者である。〔部落問題研究所一九八一〕

すなわち、ここでも近い将来に解放される、そうあってしかるべきであるという認識が前提となっていることが見てとれよう。

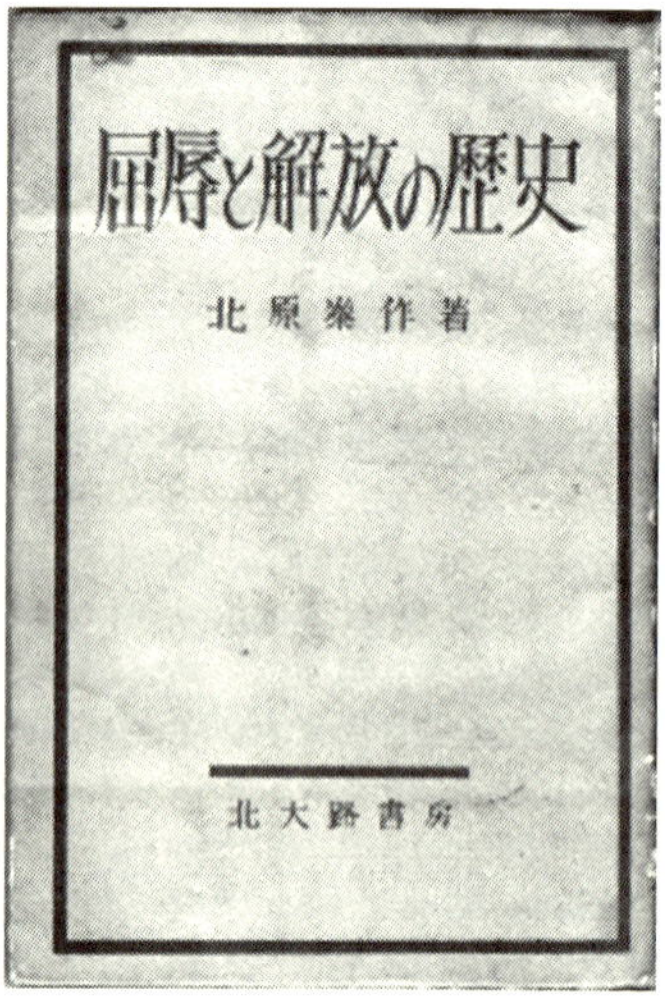

13 『屈辱と解放の歴史』表紙

北原にあっては、それを現実のものとするには、改めて「未解放部落」の歴史、とくにその起源について、「此の問題のさまたげとなるような二、三のおもなる謬論《びゅうろん》」を打破しておく必要があった。その第一は、「日本人とちがう人種だという説」であり、第二は職業起源説であり、第三は仏教の殺生戒や「原始人のタブーの慣習からおこった」という説であった。北原はそれらを論破したあとに、「明治維新後の現代は（部落差別が――引用者）衰えゆく時期」であると位置づけた（部落問題研究所一九八二）。かくして人種起源説等の「俗説」との切断が行われ、〝解放〟の展望が開かれるのであった。

一方、井上清の「三位（身分・職業・居住）一体」論も、部落解放運動の主潮流をなした。戦後の部落解放運動は、敗戦からまもない一九四六年二月に全国水平社の後継として立ち上げられた部落解放全国委員会から、一九五五年に大衆運動団体へと名実共に脱皮を遂げた部落解放同盟によって担われ、「三位一体」論は、その部落解放同盟の運動に採用されていった。一九六〇年の部落解放同盟第一五回大会で採択された新綱領には「三位一体」論が反映されており、「部落差別の本質」は「搾取の一形態として部落民に市民的権利（民主的権利の中でも、もっとも基礎的な基本的権利である、就職の機会均等、教育の機会均等、居住の自由など）行政的に不完全にしか保障していないところにあ」り、「独占資本の超過利潤追求の手段として、部落民を主要な生産関係から除外し、部落民に労働市場の底辺をささえさせ、一般勤労者の低賃金、低生活のしずめとしての役割を果たさせ、政治的には、部落差別を温存助長することによって、部落民と一般勤労者とを対立させる分割支配の役割をもたらされている」との現状認識を打ち出した〔部落問題研究所一九七九〕。北原の説と異なり、独占資本を倒さないかぎり解放はありえないとするもので、差別の問題性を強調した「被差別部落」という呼称は、そうした認識と合致していた。

14 井上 清

「三位一体」論については、手島一雄が的確に総括しているように、江戸時代以来権力が差別をつくり温存・利用してきたという点で前近代と近代を通底するものであり、社会主義を展望した反帝国主義反独占の民主主義革命（統一戦線）論と、部落差別を独占資本が温存・利用し、労働者階級にとって「沈め石」の役割を果たしているという議論がその中核にあった。その点で、先に述べた北原の打ち出す「国民の統一戦線」論と、当該時期の部落解放同盟に存在したいわゆる朝田理論*と呼ばれる「部落第一主義」的理解とが共存しえたのであり、逆にいえば、資本主義権力による部落差別の「温存・利用」という部落差別の現状理解がこの両者をつなぎとめるキーになっていたと、手島は指摘する〔手島二〇一二〕。すなわち、克服されずにある厳しい就職差別のもとで被差別部落と部落外の経済的格差が際立つなか、「沈め石」論は大いに有効性を持っていたのである〔部落解放論の変遷については、〔黒川二〇〇九b〕を参照〕。

＊当該時期に部落解放同盟中央執行委員であり、戦前からの水平社運動の中心メンバーのひとりとして知られる朝田善之助が打ち出した部落解放理論。

北原のこの考え方は、やがて「国民融合」論として日本共産党に採用されて、一九七六年、部落解放同盟から分裂した全国部落解放運動連合会の路線となっていく。いずれにしても「三位一体」論、「国民融合」論ともに、同じ「国民」でありながら、それに対する差別を資本主義権力が温存利用してきたというわゆる政治起源説で説明する点で、人種主義からの切り離しに大いに貢献した。

菅孝行は、部落解放同盟の政治起源説は、「翳《かげ》りを含まないシンプルな理論」で、異民族起源説の徹底排除を行い「血の問題」を消去したと評する〔管二〇一三〕。前章でもみたように、それは、すでに一九二〇年代から行われてきたマルクス主義による人種主義との切断の延長線上にあったともいいうるが、この段階で政治起源説をことさら押し出して対抗しなければならないほどに、「特殊部落」という呼称を用いての人種主義の語りは、戦後もなお社会のなかに蔓延《はびこ》っていた。

「国民」のなかの排除・差別

戦後のメディアによる差別事件を追った、小林健治『部落解放同盟「糾弾」史――メディアと差別表現――』(二〇一五年、ちくま新書)を紐解くと、戦後、今日にいたるまで、「特殊部落」を用いた差別表現による糾弾事件があまりに多かったことに、改めて驚愕する。被差別部落の呼称をあたかも「特殊部落」とまちがって認識しているのではと疑いたくなるほどであり、しかもそこに込められているのはほぼ決まって負のイメージである。

「特殊部落」という呼称をめぐる差別事件のなかでかねてから注目されてきたのは、一九五一年に起こったオールロマンス事件である。この事件は、雑誌『オール・ロマンス』(一九五一年一〇月号)に掲載された「暴露小説　特殊部落」と題する小説に対する糾弾であった。糾弾に当たった部落解放京都府連合会は、作者が京都市内の保健所に勤務する市職員であったことから、市がそのような小説の背景となるような部落の実態を放置してきたことと、ほかならぬ市職員がこうした差別認識を持ちあわせていたという二重の意味における市の責任を問うた。しかし、近年の研究〔大阪人権博物館二〇〇二〕でも強調されているように、小説それ自体は、被差別部落民は登場せず、在日朝鮮人の父をもつ青年医師の主人公浩一と京都の部落に住むやはり朝鮮人の女性純子という、ともに同じ境遇を背負う者同士の恋愛が一つの軸をなしており、その背景に、在日朝鮮人と被差別部落住民が混在しながら織りなす空間が「特殊部落」として描かれたものであった。

当初、運動の側が問題にしたのは、安易な恋愛小説に、興味本位に被差別部落の〝実態〟を持ち出す作者の姿勢であった。しかし部落解放京都府連合会は、そうした認識をさらに掘り下げることなく、この事件を生み出した原因を「その意志がどうあろうとも、天皇崇拝を強化し、日本を外国の植民地にしようとする、日本の支配者の手先となって、部落民衆にたいする差別を激化するために、一役買った」ものと位置づけ、政治運動一般のなかに昇華させていった。同時にまた、「保健所の職員として市役所につとめ、業務として部落の家庭指導に当っている人間によって、何気なしに書かれた小説が、実に差別感にあふれており、そのために、社会的にはかり知れない差別感情を生み出してゆく事実に、事件の重大さをみなければならない」とし、「差別は市政の中にある」との認識のもとに、主として市の責任を追及した。これまでにも見てきたように、「差別観念とは、差別される実態の、即ちその存在の反映にすぎない。差別される実態が厳然として存在するとき、正に、差別感のみを処断することの無意味さがあきらかであろう」と考えられていたため、運動はこれを好機と見なし、「差別される実態」の改善を求めて、土木行政・保健衛生行政・民政行政・教育行政・水道行政・経済行政にわたる二二項目をあげ、京都市政に対する闘争に挑んでいった〔部落問題研究所一九七九〕。

登場人物が在日朝鮮人でありながら解放委員会はその点を不問にしたことになるが、そもそもこの事件を敷衍して民衆の差別的な認識を問うことよりも、住環境改善の要求が運動の主目標であったため、在日朝鮮人の問題が視野の外に置かれてしまったのは、そのことの是非とは別に、当然であったともいえよう。

この事件をめぐっては、近年再検討が行われ、当時の部落解放運動が在日朝鮮人の問題を視野に入れず共闘を組めなかったことなどの指摘がなされている〔大阪人権博物館二〇〇二〕。友常勉は、「オールロマンス闘争」を「部落問題における人種的言説から国民主義的言説への転換をよく示す事例」とみなし、「戦後の国民主義の物語」の始まりとして位置づける〔友常二〇一〇〕。しかし、当時の状況に照らして、それを「国民主義」の限界で説明することが有効であろうか。すでにみてきたように、戦後もなお被差別部落の人びとは「特殊部落」と名指しされて差別を受け続けてきたのであり、それゆえまずはその言葉に敏感に反応し、それを奇貨として国策樹立を勝ち取ることに余念がなかったとしても、それはまず運動がくぐり抜ける一階梯だったのではないだろうか。この小説のなかで飛び交い、小説のタイトルにもなっている「特殊部落」や、「人種を超越した崇高なるヒューマニズムの華！」といった謳い文句に用いられている「人種」という言葉が、世間では被差別部落と重ねられ、それがあたかも「人種」を異にする地域であるかのように受け止められていく蓋然性は高かったであろう。大衆運動である部落解放運動が、「国民主義」の枠組みを容易には踏み出すことができなかったという事実は否定すべくもないが、現実に「異人種」「異民族」であるとの理由を付与されて差別を受けてきたことを直視するならば、まずはそれをはねのけるために、同じ「国民」として承認されようとすることを、いまだこの段階において軽々に批判しえないのではないか。

さらにいえば、友常はそうした評価の前提として、「多民族帝国主義としての戦前日本帝国主義の言説に対応した水平社運動初期の部落解放構想においては、部落民とはエスニックな／人種的な差異であると同時に日本人であるという自己同一性を妨げるものではなく、むしろこの自己規定から、被差別民同士の連帯と人種的民族主義の政治が、萌芽的ではあれ構想されていた。これに対して、単一民族主義的な国民主義へと言説が再編成された戦後社会においては、部落問題とは国民主義内部の差異として構成された」〔友常二〇一〇〕というように、戦前と戦後のありように大きな相異を見ている。しかし、水平社運動「初期」と限定がつけられているが、初期といえどもそれほどにエスニックな語りがなされたであろうか。運動を立ち上げる際のバネとして、自らを差異化し民族になぞらえるなどの言説があったことは私も承知しているが、それもごく一部に限られており、それらもまもなくおおむね天皇主義的、ないしは階級的同化論に回収されていくのである〔黒川一九九九〕。戦後の「国民主義」を克服することに性急なあまりに、戦前のありようが過大に評価されすぎているのではないかと思われる。

メディアなどに現れる差別事件の大半は「特殊部落」という呼称を用いてのものであり、先にも述べたように、それらの頻発が、いっそう被差別部落の人びとをして、「同じ国民」という意識を強めることになったと考えられる。

一九四八年に京都に設立された部落問題研究所研究員として部落問題に関わっていた東上高志は、一九五九年に著した『差別――部落問題の手引き――』（三一新書）のなかで、当時流行った「毛なみがいい」という言葉以上に、「それとはくらべものにならない、もっともっとイヤな言葉といいますか、心を突きさすような言葉」として、「日本における最も痛烈な〝差別〟をあらわす「特殊部落」という言葉」をあげ、冒頭から、それがいかに作家や批評家たちによっても多用されてきたかを説明する。東条は、「一口にいってこの「特殊部落」という言葉は、人間としてののぞましくないあらゆる状態、すなわち〝差別〟の「代名詞」として使用されているのです。しかも、もっとも言葉を大事にするはずの文学者や批評家たちから」という。そして「その結果」を問い、次のように述べる。

未解放部落の人たちを、一般日本人と異なる特殊な人種、あるいは特殊な生活様式をもつ人たち――どうしようもない特殊性を大昔から持っていた人々の集団であるかのように、国民大衆に印象づけ、われわれ国民ひとりひとりにかかわりのある〝差別〟を、未解放部落のもっている「特殊性」なるもので合理化することによって、部落差別を助長し、国民ひとりひとりの問題である（中略）憲法第一四条を正しくいかせない下地をつくっていることになるのです。

さらに東条は、「三重県の某氏が、十数年にわたって、新聞の地方版の片隅にのせられる「自殺」

という四行記事を、しつように調査したところ、なんと、その八割までが〝差別〟による自殺だった」ことを、「仮にこの調査に、若干の誇張がふくまれているにしても、これは大変なことではないでしょうか」とのコメントを付して紹介している。結婚差別による自殺はもとより、「世をはかなんだ」「家庭の職業を日ごろから苦にして」という理由には、おおむね部落差別が介在しているのである。

被差別部落がこのような状態にあり、部落問題がこのように深刻であったからこそ、戦後復興から高度経済成長にさしかかる財政的ゆとりを背景に、経済成長を支える労働力創出の要請も加わり、一九六〇年、政府は同和対策審議会を設け、一九六五年にはその答申を受けた。この前後の状況については、かつて述べたので〔黒川一九九九〕〔黒川二〇一三〕ここでは繰り返さないが、答申が、「ただ、世人の偏見を打破するためにはっきりと断言しておかなければならないのは、同和地区の住民は異人種でも異民族でもなく、疑いもなく日本民族、日本国民であるということである」と記さなければならなかったのは、それだけ人種起源説が人びとの部落問題認識のなかに一定の影響力をもっていたからにほかならず、私は、東条が指摘する「特殊部落」が含意するものに加えて、その点を重視する必要があると考えている。

加えて、被差別部落は「血族結婚」が多く遺伝の観点から問題があるとする認識が、科学の衣をまとって、いっそう浮上してきたことも看過できない。日本が高度経済成長に邁進するなかで押し出されてきた学歴主義、「能力主義」が、それに拍車をかけたであろう。それもまた、「人種」と同様に、生まれてきてから当人の意思で変えようのない差別の徴表として機能し、人種主義を支える要素となってきたのである〔黒川一九九九〕。

小林建治は、「特殊部落」という表現を用いた差別事件がかくも頻発してきた背後には、「無知」や「悪意」はないが「つい、うっかり」と弁明されるような意識が存在したことを丁寧に追っており〔小林二〇一五〕、それらが「特殊部落」という呼称を延命させ、人種主義を支えてきたのである。そして、同和対策事業実施以前の被差別部落の概観や生活実態が、往々にしてそうした認識を生む要因となっていた。

2 「市民社会」の陰——中上健次の作品と思想から

〝人権の時代〟

一九七〇年代は、発展途上国の台頭があり、一九七六年の国際人権規約の発効、そして七九年のそれへの日本の加入、一九七五年の国際婦人年など、人権の時代の幕開けにふさわしい事象が相次いだ。鹿野政直も、一九七〇年代後半から一九八〇年代にかけての時期を「「人権」意識への人心の傾斜」と称した。鹿野はいう。「一人の市民として、たとえば法学という分野に、近年発現してきた意識動向を遠望していると、そこにも「人権」意識の盛りあがりという地殻変動が、起きつつあるように窺える」。むろん鹿野はそれを手放しに評価するのではなく「正負両面」を見てとり、「この言葉は、ある種の免罪符あるいは隠れ蓑との性格を、一部には帯びはじめた。そうして、政治運動ひいては政治そのものへの倦怠が、人びとの意識の焦点を「人権」へと向わせている面もある。その意味では「人権」意識の浮上は、それだけ「体制」直視の姿勢を減衰させている面すらなしとしない」と警鐘を鳴らすことを怠らない。そして「そのことは、人間がそれだけ追いつめられてきているからにほかならない」と指摘している〔鹿野二〇〇八〕。

部落解放同盟は、同和対策事業特別措置法具体化と同対審答申完全実施を求めて、闘争を展開していった。その過程で、同対審答申の評価をめぐって日本共産党支持派と部落解放同盟内の非共産党グループの対立が先鋭化することとなり、そうした状況の下でおこった一九六九年の矢田事件、一九七四年の八鹿高校事件は、両者の対立をより決定的なものとした。両者はいずれも、それぞれの教育現場で起こった事件が差別事件として糾弾に値するかどうかをめぐって争われており、その見解の対立自体が、差別糾弾という運動のあり方をめぐる両者の路線の違いの反映でもあった。

一九七六年には、六九年の矢田事件の直後に結成された部落解放同盟正常化連絡会議が「国民融合論」を掲げて改組し全国部落解放運動連合会となり、ここに部落解放運動は分裂にいたった。差別する側は、いかようにも差別の理由を作り出すのであり、こうした運動内部の抗争・分裂は、部落問題を十分に理解しない者に問題への接近の術を見失わせることとなりかねず、〝人権の時代〟のなかにあって、そうした人びとに部落問題を避けて通る口実を与える結果をもたらしたことは否めない。

　しかしながらこの時期には、「同対審答申完全実施」を勝ちとるべく、これまで運動が未組織であった地域にも部落解放同盟支部ができていき、運動は高揚を続けた。長らく経済的に劣悪な状態におかれていた被差別部落の人びとにとって、同和対策事業による住環境改善の実現は、切実な要求であった。

　また、折から部落解放同盟は、一九七〇年には狭山差別裁判*反対を訴えて全国行進を行い、また一九七四年には第二審東京高裁の判決を前に東京日比谷公園で完全無罪判決要求中央総決起集会を開催するなど、狭山闘争を高揚させていった。部落差別による冤罪犠牲者が出たことは、被差別部落の人びとの日常をとりまく差別への怒りを掻き立て、狭山闘争への組織活動に応じるなかで、新たに支部の組織化が進められていく場合が少なくなかった〔黒川二〇〇九a〕。


*この事件の発生は一九六三年のことであるが、その後の裁判から部落差別の問題が浮かび上がることとなり、それに抗議する広範な運動が展開されていく。狭山事件は、埼玉県狭山市で高校一年の女性が死体で発見されたことにはじまり、まもなく被差別部落に対する集中的な見込み捜査が行われて、当時二四歳だった被差別部落に住む石川一雄が別件逮捕される。石川は、殺人死体遺棄についての自白を迫られ、「自白すれば一〇年で出

してやる」という捜査官の誘惑によって「自白」にいたる。翌六四年三月一一日、一審の浦和地裁で死刑判決が出されるが、同年九月一〇日に行われた東京高等裁判所の控訴審第一回公判で、石川は犯行を否認した。東京高裁は死刑判決を破棄し、無期懲役を宣告する。最高裁判所は一九七七年上告を棄却したことから、無期懲役が確定した。その後も再審請求、特別抗告が行われたが、新証拠が提出されているにもかかわらず事実調べがなされないままそれらは棄却されて、現在にいたっている。被差別部落は犯罪の温床であるとの差別的偏見がそこに重ねられて、石川がその犠牲となった、まさに部落差別によって引き起こされた冤罪事件であったと考えられる〔野間一九七六〕〔鎌田二〇〇四〕。この事件は、既存の差別意識の上に引き起こされ、さらに犯人が被差別部落の青年であるとすることによって、あたかも被差別部落が犯罪の温床であるかのような、かねてからあった徴表をいっそう人びとの意識に刻印していく結果をもたらした。

さらに、そうした運動の高揚に拍車をかけたのは、一九七五年一一月の「部落地名総鑑」の発覚であった。それは悪質な業者が、全国の被差別部落の地名・所在地・戸数・職業などを掲載して全国の企業などに販売していたものであり、ほかにもさまざまな書名を冠した同類の存在が明るみに出されていった。それは少なからぬ企業等が、〝被差別部落出身〟であるか否かを、採用や昇進などを決める際の重要な要素の一つにしてきたことを如実に物語っていた。企業の論理は、被差別部落出身者を排除することとしないことの利害得失を勘案した結果にもとづいて行動が選択されるものである。被差別部落は、狭山事件が再度刻印したであろう犯罪の温床などをはじめとするさまざまな徴表と、背後に見え隠れする運動団体の存在によって忌避・排除が行われてきたと考えられるが、この糾弾を受けてむしろ企業側も、被差別部落出身者を排除しつづけることのデメリットを認識する契機になったと思われ、この一件以後、就職差別問題は大きく好転する。

一九七〇年代後半から急速に進展していった同和対策事業によって、被差別部落の住環境は、部落外との格差を伴いながらではあれ大きく変化していった。また、高度経済成長の影響も被差別部落にも及び、それも人びとの生活の変化に拍車をかけた。そうして長らく被差別部落に与えられていた、経済的貧困から派生する不潔、トラホームなどの病気の温床、といった徴《しるし》はおおむねとり払われていった。

作家中上健次の登場

そのような〝人権の時代〟であり部落解放運動の高揚期に登場してきたのが、作家中上健次であった。中上は、一九七六年、「岬」で芥川賞を受賞し一躍脚光を浴びていく。中上は、一九四六年に和歌山県新宮市の被差別部落に生まれ、自らを生んだその場所を「路地」と称し、一貫して「路地」の世界を描きつづけた作家であったが、一九九二年八月、四六歳で早世した。

中上が被差別部落の出身であることを自ら明らかにしたのは、一九八一年一月六日付の『朝日新聞』（和歌山版）のインタビュー記事「ふるさと私考」であった（「年譜」）〔中上一五〕。そこで中上は、自分にとって紀州、とくに熊野は「一地方」ではなく「訳のわからない何かこう、人間が創り出

15　中上健次
1975年，丹鶴城跡から新宮市街を見下ろす．（株）文藝春秋提供．

すダイナミックな考え方の中の「力」のことを、熊野という言葉の中で言っている気がする」と言い、「それと、僕が新宮の被差別部落の出身で、そこに生まれた限り、町とは何か、新宮とは何か、紀州とは何かを突きつめて考えなければ仕方がない。そうしないと差別をはね返す力がつかないような……」と語っている〔中上集成五〕。

そもそも中上は、『破戒』の主人公瀬川丑松の「告白」を引き合いに出しながら、「告白そのものが何かであるような錯覚。たとえば、「自分は穢多である」という告白なら、告白というのは、単なる動機にすぎないのだから、実際のところ穢多であることはどういうことかみたいに、次々に問いが派生していくんだよね」（「日本を根こそぎ否定する」（聞き手＝つかこうへい）・『すばる』一九八六年九月号）〔中上集成五〕といって、「告白」の意味自体を否定した。また、後年、二〇歳ぐらいのときからつきあいのあった〔柄谷一九九六〕柄谷行人との対談のなかで、「芥川賞もらったのは二十九歳くらいで、それまで九年間くらい、ことさらには言わなかったけれど、それは言わなくたって、僕は一貫して被差別部落のことを書いている、とも言えるし、そうじゃないとも言える」と語っているように（「路地の消失と流亡――中上健次の軌跡――」（対談＝柄谷行人）・『國文学』一九九一年一二月）〈中上集成四〉、中上にとっては、「告白」はさほどの意味をもつものではなかった。

「告白」以前に書かれた、後述する紀州の被差別部落のルポルタージュ『紀州――木の国根の国物語――』（一九七八年）は、「被差別部落」そのものを語っており、すでに〝内部〟からそれを見つめた作品と読みうるものである。しかしそれを、そして一連の中上の作品に登場する「路地」を、中上作品のいったいどれほどの読者が被差別部落と重ねて読んでいただろうか。また、中上の「告白」があって以後も、今日にいたるまでいったいどれほどの人が、中上の作品から部落問題を見つめてきたであろうか。中上の作品があれほど多くの人に読まれ、文学作品として高く評価され、また、いくつかの作品が映画にもなっていても、中上が終生背負い、彼の一連の総ての作品の根幹にある被差別部落に生まれ育つということの〝苦悩〟は、おおむね理解されることなく今日まで来てしまったのではないか。中上はそれでよかったのだろうか。中上の独特の文体に加えて、以下に述べるようにあえて「政治」を忌避し被差別部落をおおむね「部落問題」として語りたがらなかったことが、数多くの読者を獲得することに成功した反面、被差別部落という主題への理解から遠ざけたのではなかろうか。また、「被差別部落」ではなく「路地」と称されたことそれ自体が、作品への接近を容易にした一方で、被差別部落を見据えずに済まされたつもりになるという弊をも孕んでいたのではなかろうか。

　しかしながら、高澤秀次の秀作『評伝中上健次』（一九九八年）、そして、柄谷行人『坂口安吾と中上健次』（一九九六年）、守安敏司『中上健次論――熊野・路地・幻想――』（二〇〇三年）、井口時男『危機と闘争――大江健三郎と中上健次――』（二〇〇四年）などに導かれながら『中上健次全集』を読み継ぎ、また『中上健次発言集成』に収められた、彼が文学作品と離れて語ったものを読むと、中上は実に真正面から〝部落問題〟*に向きあっていたことを確認しうる。

部落解放運動の要求を請けて、一九七〇年代後半から同和対策事業が進展していったことは、一面で、被差別部落が市民社会に包摂されていくことでもあった。中上は、ほかならぬこの「市民社会」とその一員になることへの根源的な批判者として立ち現れたといえよう。それゆえ中上の語りを通して、そのような当該時期の部落問題のありように新たな光を当てることが可能になるのではなかろうか。

＊中上は、「いわゆる部落問題というのは、文学ではないと思うんですよ。文学においては、〇〇問題というのはない。つまり、被差別部落のなかに生きている人間が、こんなに豊かに、一生懸命、しっかり生きている、その姿を書く。それが文学だと思う。だから、文学において部落問題というのはない。ただ、文学において部落を書くということはあると思うんですよ。それは、〇〇問題というのではなく、人間がこう生きている。それが、被差別の状況にあるかもしれない。その状況にいる人間のもっと強い力みたいなもの、それを喋りたいし、書きたい」〈開かれた豊かな文学　部落青年文化連続公開講座〉「第1回　物と言葉」一九七八年二月五日、新宮市春日隣保館）〔柄谷・渡部二〇〇〇〕とし、文学における部落問題の存在を拒否する。さらに、このようにもいう。「その物の怪である「差別」なるものが、発生されると言われている被差別部落をこの旅ではたくさ

ん見てきた。「差別」なる物の怪と、被差別部落は実のところかかわりがないのにもかかわず、人は「部落問題」と口をそろえて言う。そして、部落問題というものがあるのなら、土地の所有をめぐってのことだろうとも思った」（傍点――原文）（「終章　闇の国家」『紀州』）〔中上一四〕。まさにその通りなのだが、ここでは、通常用いられてきたとおり部落問題と称する。

「戦後民主主義」からの出発と離脱

中上健次は、一九四六年八月二日、和歌山県新宮市の春日と呼ばれる被差別部落に、木下健次として生まれた。母木下ちさとの第六子で、実父鈴木留三は、『紀州』にも登場する三重県熊野市南有馬*の被差別部落出身で、無頼漢として名を馳せた人物であり、母が中上を妊娠していたときには拘置所におり、また同時に二人の女性に妊娠させていた（「桜川」・『熊野集』一九八四年）〔中上五〕。

*南有馬は、ドキュメンタリー映画「人間みな兄弟――部落差別の記録――」（一九六〇年、監督＝亀井文夫）でも語られているように〔黒川二〇一一a〕、雑賀衆《さいかしゅう》を率いた鈴木孫一の子孫であるという言い伝えを誇りにしていた（「有馬」『紀州』）〔中上一四〕。

中上には、ちさとと彼女の先夫との間に異父兄二人と異父姉が三人、そして異母妹二人、異母弟が二人いた。一九五四年、中上が八歳の年に、母が中上《なかうえ》七郎と同棲し、兄姉のなかで中上のみが母に連れられて春日を離れ新宮市野田に移り住み、一九五九年から中上《なかうえ》姓を名乗るようになった（「年譜」）

〔中上一五〕。

中上は後年、自分の姓に関わって生い立ちに触れ、次のように述べている。

天王寺にいると昔を思い出す。私は天王寺を歩き廻りながら、自分がナカガミという姓ではなく、中学卒業するまでキノシタ姓だったのを思い出し、体がしびれる気持ちになる。実父はスズキと言い、母の私生児としてキノシタ姓に入り、高校の時からナカウエになった。十八歳で東京に出て、私はナカガミと呼ばれ自分でもナカガミと名のった。正直、私に、ナカウエという姓は縁遠かった。義父のナカウエが、母の連れ子である私を可愛がり、私は実子と何らわけへだてなく何不自由なく育てられたが、私にナカウエという姓は妙に重い。漢字で名前を書けばナカウエでもナカガミでも一緒だが、自分の事にこだわるが、ナカガミとは私には抽象的な感じを与え安堵させる。私には冠する苗字がないのだ。(「天王寺」『紀州』)〔中上一四〕

このように彼が「私生児」すなわち婚外子であったことは、彼の作品の重要なモチーフの一つとなっていく。

中上健次もまた「戦後民主主義」から出発した。

一九六六年二月、中上は、彼が一年前に卒業した新宮高校で、体育会後援会費未納者の卒業証が抜き取られるという事件に遭遇し、「民主主義の踏み絵」(『紀南新聞』一九六六年四月九日)を発表して抗議の声を上げげた。それは、後援会費を滞納して卒業証書が渡されなかった生徒のなかに被差別部落出身者が含まれていたからであった〔高澤一九九八〕。中上はそれからまもなく、「自己批判及び文学ノート」（『さんでージャーナル』一九六九年一月五日）を書き、「戦後民主主義なる甘やかな言葉を使って、自らをデモクラットとして書いてきた一連のエッセイ」を自己批判しなければならないと宣言する。中上は、一九六七年一〇月八日の第一次羽田闘争以後に「僕の内部におこった転回は求道者面が自からの欺瞞性の映像化に他ならないことを認識させたと云える」といい、それ以後「実作者として、過激化しつづけてきた」と述べる。そしてそれは、「裏がえしにされた政治主義として文学をとらえようとするものではな」く「参加《アンガージュマン》も実践《プラクシス》も実作者には必要なくいまの僕はただひたすらに実作者としての存在拠点をさぐりつづけてものを書くだけだと思っている」（傍点——引用者）と記す〔中上一四〕。

このかんのことを、後年、中上は次のようにも語っている。

> 俺、それまで大江健三郎の影響をものすごく受けていて、戦後民主主義の路線にとらわれていた。そうなんだ、平和と民主主義をほとんど鵜呑みという感じでね。それが、あの一〇・八（一九六七年一〇月八日に行われた、一九六〇年の安保闘争で命を落とした樺美智子の追悼集会——引用者）でゲバ棒を持ったとき、一八〇度転換した。無茶苦茶に殴りかかってくる機動隊に対して、自衛のために棒をもったわけだろう。その棒一本で、完全に大江健三郎の言ってることなんかが引っくり返った。（中略）

目がさめた気がしたね。あっこれなんだと思ったんだよ。それで俺は大江を超える、大江の文学論からの呪縛を超える、それは同時に、戦後民主主義を超える論法を身につけることなんだ。そうすると、いまから、俺は自前で考えなくちゃいけない。（前掲「日本を根こそぎ否定する」）〔中上集成五〕

中上のそうした姿勢はその後も一貫しており、一九七七年に、野間宏・安岡章太郎との座談（「市民にひそむ差別心理」（座談＝野間宏・安岡章太郎）・『朝日ジャーナル』一九七七年三月一八日・同三月二五日号）〔中上集成六〕のなかで、日本共産党と部落解放同盟の対立が話題となり、そこでも日本共産党批判と絡めながら、「市民」に対する不信を表明している。この座談は、後述するように、自らが「部落民」であることをカミングアウトするつもりで臨んだもので、このときから「被差別部落の問題」をはっきりと言うようになったと自ら認める（「路地の消失と流亡――中上健次の軌跡――」（対談＝柄谷行人）・『國文学』一九九一年一二月）〔中上集成四〕、彼の転機となったものであった。中上は、日本共産党はマルクス主義を標榜し「西洋の合理主義で日本を斬ろうとする」が「合理主義では斬れないところで差別が出てくるんです」といい、さらにはこのようにも述べる。

彼らはいつまでも、部落を「マイノリティー、特殊である」みたいなところに置いておこうとするでしょう。それは新たなる差別――差別って簡単に言っちゃうといかんのだけど――そういうものをつくっていくと思うんです。しかもいまの日共は、選挙運動をして議会主義をとっているのですが、そうすると当然、「市民」を相手にするわけですね。「大衆」というより「市民」です。この「市民」がクセモノなんだと思う。（前掲「市民にひそむ差別心理」）〔中上集成六〕

しかも、「部落の場合もっとも厄介なのは、部落そのものを忌みのものとして、見たくない、隠そうと考える傾向があること」であり、「それと、日共が「これはごく少数なんだ。部落だけを問題にはできないんだ」と言うことと、非常にくっついちゃう」という。中上は、「市民」に迎合することを批判し、「その忌みもの」を、「「市民」の論理に迎合するのではなく、「市民」の論理を切開しながら、『陰翳礼讃《いんえいらいさん》』*の、その日本的な差別の構造を断ち割るような形として」（傍点——引用者）明らかにすることを求めていたのである（同上）。しかし現実には、「差別を考えると爆弾しかない」「要するに絶望なんですよ」と言わざるをえない状況であり、そうであるがゆえに「文学」に発言の場を求めていったのだといえよう。

＊谷崎潤一郎の作品名。谷崎について、中上は「物語の系譜　谷崎潤一郎」（『國文学』第二四巻第三号、一九七七年三月）〔中上五〕で述べている。

「実作者としての存在拠点」から

こうして大江に象徴される「戦後民主主義」を〝超えた〟*中上は、「政治主義」の語りを拒み、「実作者としての存在拠点」に立ち返っていく。続けて中上は次のように語る。

俺の小説は、まず私小説的な土壌があって、そこから、なぜ俺はこういう父のもとに生まれたのか、どうしてこういう母のもとに生まれたのか、そういう疑問から問題がどんどんふくらんできて、それを文学として展開していくという書き方でやってきた。それが出発だね。だから、俺にとって、その小説がリアリティがあるかどうかよりも、今生きていること、この現実をどうとらえるかということが、小説を書く上で重要になってくる。（前掲「日本を根こそぎ否定する」）（中上集成五）

すなわち彼にとっては「現実」こそがすべてであり、それは文学において「部落問題」を書くことの拒否と相通じるものであったといえよう。中上は、「差別を言い立てているっていうのは、黒人文学でもそうだし、日本の場合でも朝鮮人の文学でもそうだけど、やっぱりマイノリティーの文学、被害者としての文学にすぎないんじゃないか」という。そうして「文学には問題などない、ただ人間をどう見つめ、書くかということなんだ」と語り、自らを「部落問題と朝鮮人問題と腹をこすり合わせるところで生きてきた小説家」と称した（前掲「市民にひそむ差別心理」）（中上集成六）。

あるいは、のちにこのようないい方もしている。「被差別部落の問題は、別に言わなくてもすんだかもしれない。なぜなら被差別部落の問題というのは、私にとっては、ほとんど文化の問題ですから。社会事情の問題とか、もちろん出てくるのだけれど。そうすると、それはいわゆる日本の文化の問題になります。徹底性をもって思考しているとか、語っているとかすれば、これは、こっちから被差別部落の問題に入るんだよと言わなくたって、全部そんなこと言う必要もないんじゃないですか」と〈前掲「路地の消失と流亡」〉〔中上集成四〕。

＊後年、中上は、大江健三郎の初期の作品の『飼育』を中心に講演でとりあげ、「僕にとって、大江さんという作家は、あるときは非常に激しく対立したり、あるときは仲よくなったりという、そういう嫉妬の対象であり（笑）、尊敬する先輩であり、すごく影響を受けたし、あるいは、一遍どこかでぶん殴ってやろうとも思ってる作家だし、なくてはならない作家であり、もしこう言うことが許されるなら、じつに信頼できる、現代文学の敵に立ち向かう強力な同僚であると、十年遅れなんですが、あえてそう言いたいです」と語っている（「初期の大江健三郎」一九八九年八月三日、日本近代文学館主催）〔中上集成六〕。
井口時男は、中上はアイロニーと無縁であり、「中上健次の言説を特徴づけるのは愛憎複合である」と言った。そして「彼は一つの対象に対して愛情と憎悪の相反する感情を同時にいだいてしまうのであり、また、彼にとって真に重要な対象は、そのような両面価値的な感情をいだかせる対象だけである」と述べる〔井口二〇〇四〕。中上にとっての大江は、まさにそういう存在だったのであろう。

その彼が拠点としたのが、「路地」であった。たとえば一九六〇年に公開された映画「人間みな兄弟」（前述）のなかでも、京都の都市部落の光景をカメラがとらえながら、「路地は子供の遊び場でもある」というナレーションが流れるように、すでに「路地」は被差別部落の象徴的な存在の一つとしてあり、中上はそれを自らの作品のなかに借用したといえよう。しかし、高澤秀次がいうように、まぎれもなく「中上の出現以降、「路地」は被差別部落の表象として機能するようになった」のであった〔高澤二〇一二〕。彼にとっての「路地」は、すでに取り壊されてしまったそれを前に、彼自身によってこのように語られる。

たぶん私は特別なのだろう。小説家としても他の人々と少しばかり違うのだろう。そう疑って検証してみれば、路地と路地の裏山の取り壊し撤去に、現実でも小説の中でもこだわり続けたのは、私に、山（森）での経験とそっくり同じものが、路地と路地の裏山であったという意識無意識の自覚があったせいと思われる。

路地に入っていくと途端に或る至福のようなものに包まれた。路地の裏山はもっとはっきり私には何かこの世にあらざる世界のとば口のように見えた。何度も何度も小説に書き、この間の長篇ではついに姿を消されたものとして裏山は登場したが、そこはかつて単なる山ではなく、私には遊び場であると同時に治癒の場所だった記憶がある。（中略）

裏山は路地の者には一種霊異の場所でもあった。（「読経の声にも似た木々のざわめき」・『朝日ジャーナル』一九八三年八月五日号）〔中上一五〕

さらに、「子供の頃、六歳の齢まで住んだ路地の家は、最初、共同井戸に接してあった古い家が取り壊され、市から当てがいぶちで割り振られた所謂改善住宅というものだった」という一節から始まって、自分が住んだその「路地」の思い出と重ねながら、次のようにも語られる。

路地の生成の過程はさながら古代の半島からの渡来人らの姿のようである。（中略）まず路地の内側の者として在りつづける私が、そこを他界として認識するのが、ムジュンだが、それは誰のせいではない路地の生成の根本条件の反映なのである。私が今、持ち出しているのは、この私が生れ育った、私のすべての愛の対象、知と血の源泉の熊野の中の熊野であるが、その路地は旧新宮から排除されて山の裏側にあるのである。

　路地が地の村落共同体と違い路地それ自体で宇宙モデルを持ち、国家モデルを持つのは、排除され強いられて山の裏側に行ったというその点にある。半島から渡来して転戦を繰り返した天孫族の神話をなぞるように、である。排除され強いられて、それが内であり外である、と路地の人間にこびりついた一瞬の空間《ワープ》移動能力をつくる。これは天孫族の神話、もっと具体的に言えば、『古事記』や『日本書紀』の神人の記述を追っていて味わう一瞬の眩暈に似ている。（「異界にて」・『GS』創刊号、一九八四年六月三〇日）〔中上一四〕

ちなみに彼の住んだ路地は東西に二つに分割されていて、彼の居た「東は昔あった蓮池を埋め立てたいわば新開地で比較的新しく他所から流入してきた者や西に地所を持たぬ者が棲んだ」ところであり、「戦後朝鮮人らも流入して一角に共同体を作っていた」という。それゆえ「男の子は遊び友達は朝鮮人らの子ばかり」で、ともに共同体のなかの「排除のシステム」の息づいたところにいた（「生《き》のままの子ら」・『解放教育』第一六八号、一九八三年八月）〔中上一五〕。自らを語る「部落問題と朝鮮人問題と腹をこすり合わせるところで生きてきた」とは、そういう原体験に根ざしての言葉にほかならない。

前述したように、中上にとって差別は政治的解決となれば「爆弾」によらざるをえないほどの問題であった。そうであるからこそ、彼は、日本の文学は「抑圧され疎外された庶民の夢、弱い部分である賤民がなかったら、成り立たんのですね」（前掲「市民にひそむ差別心理」）（中上集成六）といい、「賤民」を中核に据え、その「賤民」の住む「路地」を国家・宇宙のモデルにつなげていったのではなかろうか。

中上は、その反転を、一九七八年に新宮で開催した「開かれた豊かな文学　部落青年文化連続公開講座」（後述）で語った。

「講演などまったく苦手な私が、吃音を繰り返しながら考えつめ、とりあえずしゃべってみるという試みをしてみたのには幾つもたくらみがあ」ったためで、「大きなたくらみをまず上げるなら「賤民」と呼ばれるものの文化の発揚である」という。すなわち「日本文化、あるいは歌物語の時代からつづいている日本文化と呼ばれるものをことごとく賤民の文化、文学としてとらえるという試みである」（「賤者になる」・『毎日新聞』一九七九年八月一八日夕刊）（中上一五）。

中上がその後も一貫して注目している文学作品が「物語の祖」である『宇津保《うつぼ》物語』であり、彼はそれについて、「かぐや姫の竹の筒、仲忠のうつほ、つまりそれは疑似神話空間であるが、現実の被差別部落と同一の働きをしているのではないかという事である。そこから、差別というものがなにもかもを物語の中に繰り込む事を言い、王朝のやんごとない人々の行き来する物語の舞台も、この疑似神話空間つまり被差別部落の模造ではないか」と述べる。そして「（上田――引用者）秋成ではないが穢多でなければ人ではないと、このごろ思うのである」ともいう（同上）。やや難解な言い回しだが、中上は、文化の原点を被差別部落に見ようとしていたのであろう。これは「部落青年文化会」について語った新聞記事のくだりであるが、実際の講演では、文学と被差別部落の関係について、「ほとんどの日本の文学思想、文化思想ってのは、差別―被差別というこの大きなものをもとにして展開してきてるっていう気がするわけです。まあ、ざっとこう見ますとですね、日本文学、日本文化って言われているものは全部そうなんですよね。差別―被差別の構造から成り立ってるわけなんです。（中略）音楽も僕、そうだと思うんですね。ロカビリーにしても、ロックンロールにしても、原初の出発ってのは、その被差別民が何か差別状況を打ち破るみたいな、そういう状態、形としてしか出てこないということなんです。文学もそうなんだし、音楽、文化もそうだと思うんです」と説明している。そしていう。

賤っていう言葉があるんですけど、ひょっとするとみなさん方、賤民あるいは被差別民ってのは、マイノリティだと、マイノリティというのはごく少数ですね。ごく少数部分だとお考えになってるかもしれないけど、つまり賤なる者、あるいは被差別民っていうのが、いったん芸能とか、文学とかそういう次元になりますと、それはけしてマイノリティじゃなくて、いわゆるメジャーっていうんですか、そういうものに転化するわけなんですよ。(「第五回講座　王の出生の謎」一九七八年六月二七日、新宮市春日隣保館、〈開かれた豊かな文学　部落青年文化連続公開講座〉)〔柄谷・渡部二〇〇〇〕

賤なるものこそを文化の発信者におくという、まさに「エタである事を誇り得る時が来たのだ」と謳い上げた水平社宣言に通じるものを見てとることができよう。

このような発想に立つとき、先にみたように、文学における「部落問題」の存在を認めず、かつ部落を「マイノリティー、特殊である」存在に押し込める政治の論理は到底受け入れがたいものであったことは、十分すぎるほどに首肯しうる。

「差別、被差別」を問う――「路地」解体の渦中で

ところが一九七七年から、中上が幼年期を過ごした被差別部落の東側、すなわち春日地区でも「地区改良」事業が開始され、四棟(一二戸)の改善住宅が建ち、以後、八一年度までに計五四戸の造成が完了する(「年譜」)〔中上一五〕。中上は、「路地」が解体されていくさまについての慨嘆を、このように表明する。「山の削り取りや西の建物の取り壊しに、東の方の人間や青年団が何の動きもせずに行政と成り金と土建業者の結託を傍観していたように、私には、今ある西の集落も、建て変えられ

た住宅も、路地として認め難かった。集落があり、青年会や婦人会が存在しても、そこには路地としての輝きが決定的に欠落しているのである」。さらに「元路地の東の集落を観察しつづけていると、微細ながら、かつての路地の住人らの悲鳴のようなものが聴こえてくる時がある」とさえいう（「異界にて」・『GS』創刊号、一九八四年六月三〇日）（中上一四）。

むろん中上の嘆きは、「路地」へのたんなる郷愁ではなかった。中上は、事業開始の翌七八年二月、新宮の青年たちと部落青年文化会を立ち上げている。その経緯は、中上が語るところによれば、後述するルポルタージュ『紀州』の取材旅行で新宮に立ち寄った際に、部落解放同盟新宮支部の執行部にいた若手活動家一一名ほどのグループのなかの二人と中上が、行政の対応や新宮支部の「ボス構造」について批判的に議論をするなかで、「激怒したり嘆くより、あるいは批判するより、すべての差別やそのものの怪をひっくり返す事が先だ」として結成にいたったものであった。

それは、「部落解放同盟も、全国部落解放連絡協議会をも、思想としてくつがえし、凌駕するという思い」、すなわち既成の運動にとらわれない独自の文化運動をするという意志に支えられており、春日隣保館において一二回の予定で連続公開講座を開催することを予定していたが、初回開催の数日前に部落青年文化会と名称を改め、その時点で事実上その会の他地区の被差別部落青年はメンバーから離脱し、春日町青年会のメンバーに基盤を置くようになった。

一九七八年一〇月、部落青年文化連続公開講座を、吉本隆明を講師に招いたのを最後に八回で打ち切らねばならなかったのは、その公開講座に呼んだ講師の顔触れ（具体的には石原慎太郎）について、文化会は右傾化しており「部落や解放運動には縁のない単なる文学の集まりにすぎない」との批判が出たこと、また中上が「文学の読み直しと現代文学の地平を語る公開講座が、声高に差別を論じない為、いや、教条的な差別論議や実利的な差別論を言わぬ為」、文化会のメンバーは「反支部的だ」といわれ、部落解放同盟新宮支部と対立することとなったからであった。さらにそこに新宮市が推進したゴミ収集民間委託化の問題も絡み、「文化会の内部崩壊」にいたったという。そして文化会解散後まもなく、青年会のメンバーと春日町住民は新宮支部を脱退して、部落解放同盟春日支部を結成した。

中上は、「メンバーに文化を読み変える事も文学の新しい地平も無縁であるし、それよりもまだしもわかり易く人の吐いた差別的言辞をあげつらい、差別語かくしの運動の方がよいという迷妄があったからである。思想を思想として自立させる事の自覚の欠如は、大衆団体であるゆえ仕方のない事かもしれない」が、「講師の方々の話や、人となりを、他の誰よりも私が、吸収した。だが、またしても、敗れた、という実感がある。その事について、語るのではなく、深く考えたい」と述べている*（前掲「被差別部落の公開講座八回で打ち切りの反省」）〔中上一五〕。少なくとも、既存の運動方針や価値にとらわれず、「文化」の問題として「差別やそのものの怪をひっくり返す」という中上の試みは理解されないまま内部崩壊にいたってしまったことへの挫折が率直に語られている。

＊中上はのちにこの件について、「喧嘩なんてしなくてもいい解放同盟と、意図的に喧嘩売ったりもしましたよ」と語っている（前掲「路地の消失と流亡」）（中上集成四）。

「地区改良」事業が始まってまもないころ、中上は新宮市長と会見する機会を持っており、それはこの文化会の活動と軌を一にしたものであったと思われる。「市長は、私のどもりどもり言う言葉をじっときいてくれた」といい、そこで彼が言ったのは、「まず解せない事が沢山ある。被差別部落が、ハンディをもってしまう事は自明の事で、その為に、国も県も市も、差別解消の為、いやハンディ克服の為、様々な努力をしてきた。被差別部落から、市職の現業に入れるか？　生活や諸権利を守らなければならない社会の「弱者」が一等先に合理化の対象になるのはどうしてか？」ということだった。彼は、「他ならぬ新宮で、そのような事が行なわれるのか納得できないと思った」からであった。そして、「その差別感や差別をなくす為、私たちの親は努力してきた。また、私らも親同様に努力しなければならない現状である。市長は熱心に丁寧に答えてくれた。ただ私や、部落青年文化会の提起した「何故？」に、充分な答えを得られなかったのである。いまいちど訊ねてみたいのである。正直、不安である。親たちが努力し、辛うじてハンディ克服の道をみつけている今の生活基盤が、破壊されるのではないかと」（「市長に会って」・『紀南新聞』一九七八年八月二三日）（中上一四）と、市当局の事業のあり方への批判が、抑制の効いた言葉で語られる。

中上は「地区改良」事業の開始と相前後して、「ルポルタージュ　紀州／木の国・根の国物語」を

16 『紀州』表紙
角川文庫版，(株)KADOKAWA 提供．

『朝日ジャーナル』（一九七七年七月一日〜七八年一月二〇日）に連載し、一九七八年、それを『紀州——木の国・根の国物語——』を題する単行本として朝日新聞社より刊行した。のちにそれは、「ここで〈物語〉と〈物語論〉の強引な接続をやった」（「路地と神話的世界の光学——『地の果て至上の時』を中心に——」（聞き手＝高橋敏夫）・『図書新聞』一九八三年五月一日）〔中上集成五〕と自ら評した作品であり、中上は、「半島をまわる旅」で「私が知りたいのは、人が大声で語らないこと、人が他所者には口を閉ざすことである」（序章）と述べている。

先に、中上が被差別部落出身であることを明らかにしたのは一九八一年であったと述べたが、この作品が書かれるきっかけになった一九七七年の安岡章太郎と野間宏との座談会「市民にひそむ差別心理」（前掲、『朝日ジャーナル』一九七七年三月二五日号に掲載）の場で、中上はすでにそれを行おうとしたのであった。

中上は、そのことを回想してこのようにいう。「今から言うと、ちょうど資料的なことになりますが、あそこで僕は直接実際に喋っているのだけれど、それを消してください、と言っているのです。

他人の話として書いてください。僕は被差別部落出身であってもいいです。それは確かにそうだ、だけどこの話は、他人がこういうことが起こっているという話を僕が聞いたことにしてください、と言って喋っているのです。だから本当は、そうじゃなくて自分の話なんです」（前掲「路地の消失と流亡」）〔中上集成四〕。高澤秀次によれば、この時点で告白するのは得策ではないという「野間宏のアドバイス（＝介入）があった模様」という〔高澤一九九八〕。その「アドバイス」がなければ中上は変更を申し入れないままであっただろうし、またいずれにしても「他人から、外から貼られたレッテルみたいなものに対して、そうなんだよと打ち返す挙に出る」のがこの座談会からであったと述べており、彼のなかでは「一種ついに始まったなという意識があった」といい（同上）〔中上集成四〕、その意味で一つの画期とみることができよう。*

＊中上が他人のことにしたという座談会での発言は次のとおり。
「まだ無名なんですが、その若い小説家志望者の田舎者は、すごく面白いですよ。彼のところには何も解放同盟の機関紙なんかなくて、田舎に帰れば、いっぱい置いてある。田舎に帰るたびに読んでくるらしい。その構造みたいなものが面白い。彼の女房も知っているし、彼が結婚するときにもちゃんと言っているし、自分が隠しても、しようがないですよ。しかし彼は、自分で忌みものという感じがあるんだ、と言うんです。見たくないという感じ。だから、彼は半分パスしているんです。ただ、見たくなくて、いとおしいという部分があるんですよ。

　この間も、石川青年が獄中で闘ってるのを見てたら、泣けてきたと言うんです。全然関係ないやと思っても、狭山集会のあった明治公園まで行こうと思った。石川青年が無罪になればいい、というだけじゃない。みんな一所懸命やっていて、あいつらも絶望的になっているなと思う。それで国電に乗って行こうと思って、駅で立ってたら、泣けてきちゃって、やめちゃったらしい」（前掲「市民にひそむ差別心理」）（中上集成六）。

『紀州』は、そのような「あえて言うという挙に出た」後の第一弾の作品であった。* 初めての長編『枯木灘』（一九七七年刊行）を書き終えた「そのすぐ後、小説の舞台にした紀州をもう一度みつめなおしてみよう」と考えての、「紀伊半島全域をなによりも差別、被差別というものを考える為に経巡る」取材旅行であった。そしてそれは、先に述べた新宮の被差別部落での連続公開講座の開催とともに、「正直、小説家の仕事とはほど遠いという自覚」を伴うものであったが、「その二つが、『枯木灘』を書いた後の私のどうしてもやらねばならぬ仕事であり、その仕事をやる限り、同時に進行している五本の連載や連作を書き続ける活力になるという自覚もあ」り、「『枯木灘』をも含んでジグソーパズルのような大きな紀伊半島を舞台にした小説になる」と考えられていたからであった（前掲「被差別部落の公開講座八回で打ち切りの反省」）（中上一五）。

＊中上自身も、「なんていうのかな、作家というのはレッテル貼られるのは本来いやなんだけど、それに関してはレッテル貼られておこうとした、それは必要だと思った。（中略）それでそのレッテルを、ブレないで、それはもう引き受けるしかないじゃないか、とね」と語っている（前掲「路地の消失と滅亡」）（中上集成四）。

いうまでもなく、それを促したものは、「地区改良」事業による「路地」消失である。中上は次のように述べて、「紀州、紀伊半島をめぐる旅」を開始する。「聖なるものの裏に賤なるものがある。賤なるものの裏に聖なるものがある、とは小栗判官でもあり、日本の文化のパターンでもあろうが、紀州、紀伊半島をめぐる旅とは、その小栗判官の物語の構造へ踏み込む事である。道すじに点在する被差別部落をめぐる旅にもなる。被差別部落が、冷や飯を食わされ続けて来た紀州、紀伊半島の中でも一等半島的状況、紀伊という歪み、特性が積み重なったところでもある、と私は思っている」。さらに問いは続く。「差別、被差別、言葉としてはそうあるが、どこからどこまでが差別であり被差別なのかはっきりつかめない。これも霊異の一種である」と(「序章」)〔中上一四〕。

中上は、この一連の旅のなかで絶えず同様の問いを発し続けた。「差別、被差別とは何だろう、と問うた。いま改めて、被差別部落とは何だろう、と問う。そして被差別部落民とは何なのだろう。(中略)その被差別部落は、確かに私の見ている物語の上では、「葛の葉」の里である。だが、ここに他のどこと較べても見劣りする家はない。家々は立派であり、くまなく舗装している。(中略)それでなお被差別部落として、他の土地と区分けするものは何だろう。私は、それをこそ知りたい、と思った」(「田辺」『紀州』)〔中上一四〕というように。

あるいはこのようにも述べる。

二人に、差異はないが差別はあるのではないか、と水を向けてみた。異口同音に、今は差別などない、と言う。確かにそうである。差異とは口に出してあれとこれの比較は出来るが、差別となると、まずそれは口に出す類のものではない。世に差別語なる物がある事を言われているが、差別語を口にするのが差別ではなく、口にする、或いは口にしない時の、構造であろう。（中略）差異のないところに差別は本質としてあるのだろうか？　と考えた。差別されてきたと言われる皆ノ川に壮年の者らの覇気があり、隣接する大川は、過疎と老いの疲れの中にある。（「皆の川」『紀州』）〔中上一四〕

同和対策事業によってあたかも「差異」が打ち消され、同時に差別もないかのごとくにみなされてしまいかねない状況がつくり出されているからこそ、中上は、果たして「差異のない」ことが差別のないことにつながるのかを徹底して問うた。高澤秀次が、「中上が恐れたのは、差異をなし崩しにされた上で、隠微に差別意識が内包するという最悪の事態である。新宮市春日の路地の再編＝解体に当たって、中上の抱いた危機感の本質はそれだった」〔高澤一九九八〕と指摘しているように、それは、「路地」が消えて「市民社会」に呑み込まれていくことが果たして差別を解消するのかという問いであった。同時に、「賤」であり「被差別」の側に自明のごとくに位置づけられた「路地」が消失しつつあるなかで、「聖」と「賤」、「差別」と「被差別」の腑分けがいかようにありうるのかという根源からの問い直しを求めていたのだといえよう。

「市民社会」の「物の怪」――「不可視の虐殺、戦争」

一方で彼は、「御坊」の旅のなかで、次のような問いを発している。

例えば、或る日或る時、市民なり庶民なりの生活の存続がおびやかされ恐慌状態になる事が起きたとする。関東大震災のような天地異変でもよいし、食糧危機でも円高による経済の破綻でもよい。市民や庶民がそれを切り抜けるには敵がいる。関東で起こった大震災の時、井戸に毒を入れに来るとデマ宣伝で次々に殺されたのは朝鮮人であったが、この紀伊半島紀州で、もしそのようなことがそっくり起こるとしたら、市民や庶民は敵をどこに求めただろう。

すなわち、いざ危機が生じればかつて朝鮮人を虐殺したと同様、被差別部落民に向かいかねない「市民」「庶民」への強烈な恐怖と不信の表明にほかならなかった。中上は、「私の想像する被差別部落民虐殺と朝鮮人虐殺は、説明の手続きを無視して言えば、不可視と可視の違いである」とし、「私がありありと視るのはこの不可視の虐殺、戦争である」いう。そうして彼は「路地の家並みが全部入るように向けて、写真を撮る」のであるが、「私の〝戦争〟はこの一枚の写真の中にもある」といい、「路地」のなかに、〝戦争〟〝虐殺〟が及びうる可能性を見るのである（「御坊」『紀州』）〔中上一四〕。繰り返すまでもないが、差別が不可視化されつつある「市民社会」のなかに実は潜む差別の延長線上に、しばしば国家権力とも結びつく〝戦争〟〝虐殺〟があることを彼は感知しており、そのことの警鐘を発してやまなかった。

中上の問いは依然続き、「改めて部落とは何なのか、差別とは何なのか、部落解放とは何なのか」、和歌山では被差別部落青年のリーダーとみられる人といっしょに考え込み、「治者たるその行政当局の甘えをここで私が分析すれば、部落なり解放運動なりが大小のボス統括のうちにあるという錯覚であろう。いや、行政管轄内に存在する被差別部落への統治不能である。そこにあるのはボスらへの甘い餌と行政者の甘えとの交換である。二者に共通なのは、無告の民たる部落大衆を無視する事である」（傍点——引用者）と述べる（「和歌山」『紀州』）〔中上一四〕。それは、部落解放運動と同和行政に対する痛烈な批判にほかならない。

　そうして「闇の国家」と題する終章では、次のようにいう。

> 「差別」なるものが、一種妖怪のように市民社会のそこここを彷徨しているのに何度も出くわした。「事実が違う」と、町当局に指摘され古座に二度取材に訪れて、月に一度「同和の日」を設けた町の当局に、「差別」という言葉が一種一人歩きする妖怪のように映っているのだろうと思った。「差別」が物の怪のように彷徨しているのを知り、私がもし小説家でなかったら、事実、事物を徹底して洗いつきとめようとするルポライターであったら、「同和の日」を設けて差別解消の努力をしているという古座町の行政のすべてを取材しなおしただろうと思う。ある土地が近代化、都市化するに従って持つ要請と、いわゆる道を舗装したり家を建て変えたりする〝解放〟行政の中に彷徨する「差別」なる物の怪についてである。近代化、都市化の要請と所謂〝解放〟

行政とはまったく違うものであるとは、小説家である私の判断である。こう考えてもよいかもしれぬ。「差別」なる物の怪を口では言いながら、「差別」なる物の怪を都合よく飼いならしている、との判断である。その物の怪である「差別」なるものが、発生されると言われている被差別部落をこの旅ではたくさん見てきた。「差別」なる物の怪と、被差別部落は実のところかかわりがないのにもかかわず、人は「部落問題」と口をそろえて言う。そして、「部落問題」というものがあるのなら、土地の所有をめぐってのことだろうとも思った。（傍点——原文）（「終章　闇の国家」『紀州』）〔中上一四〕

そしていう。「「差別」なる物の怪は、市民のおびえがつくり出し行政当局が利用するものである、と私は思う」と（「終章　闇の国家」『紀州』）〔中上一四〕。

この「市民社会」に対する痛撃をありきたりの言葉で言い換えることは愚かでしかないが、「市民社会」が生み出した「物の怪」が、彼の拠点であり「文化」の発揚の地であるはずの被差別部落と結びつけられてしまうことは、断じて耐えがたいことだったであろう。

さらに彼はいう。

被差別部落を訪ねるたびに、私が思い描いた「戦争」とはこの敗れた者らと勝利した者らの戦の事である。（中略）神武天皇に襲いかかった熊野の荒ぶる神以来、有間皇子以来、この闇の国家、隠国は、また逆さまの国家をいつも生み出してきたのだった。逆さまの国家、倒立した国家、とは雑賀孫市の織田信長との武装闘争であり、大逆事件紀州グループの無政府共産を樹立しようとしての爆弾実験にほのみえるが、たとえば熊野山中皆ノ川で見たソヴィエトとは、この逆さま国家を連想させる。芦原に視た解放運動の問い直しと皮革工場労働者の運動は、逆さまの国家にまで視力を届かせて初めて、部落解放同盟芦原支部内部の自浄作業が、普遍的なるものとして、この紀伊半島のすべての象徴となる。(「終章　闇の国家」)〔中上一四〕

むろん中上は、無条件に被差別部落を聖域に置いたのではない。「敗者」すなわち被差別部落の側が生み出した「逆さまの国家」の方にも権力の腐敗の危険を見、その自浄作用を求め続けたのだといえよう。

一方で、彼は、「差別」がないとすることへの徹底的な懐疑を打ち出すことも忘れない。古座漁協での取材で差別が「なかったと私が知ったのは、古座町行政当局がおそれる物の怪としての「差別」である」という。中上は、「差別語」などの表面的「差別」の有無を問題にすることをむしろ笑い飛ばす。差別語を「言ってはいけない、という差別解消の努力はどこでもある(中略)穢多と呼ばれれば「ゑたでなければごめんの人まじり」と秋成のように打ち返せばよい。物の怪の「差別」など、それは市民や行政当局、いや一部被差別者の病気である」と。

彼によれば、「差別とは、構造の事を指す」のであった。そして、「市民社会」において「構造差別が露呈する事はほとんどない」からこそ、彼の苦悩は深いのであった(「終章　闇の国家」『紀州』)〔中上一四)。そして中上は、かく結ぶ。「紀伊半島で私が視たのは、差別、被差別の豊かさだった。言ってみれば「美しい日本」の奥に入り込み、その日本の意味を考え、美しいという意味を考える事でもあった。」「ここは輝くほど明るい闇の国家である」(「終章　闇の国家」)(中上一四)。

中上は、「終章　闇の国家」の終わりに、「朝鮮」を入れることで「紀伊半島を汎アジアの眼でとらえてみるということ」に思いを至らせるのであったが(「終章　闇の国家」『紀州』)(中上一四)、「朝鮮」に視点を及ぼすことは「部落問題と朝鮮人問題と腹をこすり合わせるところで生きてきた」彼にとってごく自然なことであり、「路地」が失われていくなかで、やがて「汎アジア」の構想が膨らんでいく。

「路地」が消えた後

中上は、「地区改良」事業が終了する年の一九八〇年七月から八二年四月まで、雑誌『文藝』に連載した短編集を『千年の愉楽』として一九八二年に刊行し、『熊野集』を一九八〇年の六月から八二年三月まで『群像』に連載して、翌八三年に単行本として刊行している。そして『地の果て　至上の時』を、書き下ろしとして八三年に世に問うている。これらの作品が同和対策事業による「路地」の解体という現実と向きあって書かれたものであることは、とくにそのなかの『熊野集』に即して、彼自身の言葉によっても語られている。*

僕の小説の〈路地〉が、具体的に僕の生まれた新宮の、行政によって、解放同盟によって、あるいは一部の土建請負業者の金儲けによって、解体される具体的な被差別部落という路地と重なり、そして、重ならない。まさしく非常に反語的なんですね。ただ、それをどっちかと画定して言ってしまうと、全部つまらなくなっちゃう、そういうものですね。『熊野集』は、まさにそれを狙ったんです。正直言うと、僕は『熊野集』を発想したとき、被差別部落を「路地」と言い換えることによって起こってくる自家中毒のようなものをどうするかということで、これをもっと洗ってみようと思ったんです。初めて、「路地イコール被差別部落」というテーゼで出してみたんです。

しかし、「洗っていきながら、それは作家としての自分がバラバラになっていくという、そういう装置」であり「その道に大きな救いというものはない」ことに気づき、何ヶ月かノイローゼ状態にあったことを告白している（前掲「路地と神話的世界の光学」）〈中上集成五〉。

＊井口時男は、「中上健次は、『熊野集』以前に、これほどむき出しの私小説を書いたことはないし、以後二度と書くこともなかった。しかし、この脱力の書法《エクリチュール》を、たんに、「路地」の消滅という事態を反映したものだとみなすと誤るだろう」と警告する。なぜならば、「『路地』の末期の夢を紡いだ」作品であり「語り物の声調をとりこんだ物語」である『千年の愉楽』と、「覚醒後の世界を生きる主人公・秋幸が、なおも彼をつなぎ止めようとする「夢」の名残りに訣別する過程を描いた」三人称の小説『地の果て　至上の時』というまったく異なる二つの小説を書いているからである。そして井口は、「中上はあきらかに、「路地」の消滅というただ一つの

現実を異なる側面から描き出すために、ジャンルも文体も方法も異なるこの三つの小説を配置している」ことを「驚嘆すべき力業」と評する。そうであるがゆえに、井口によれば、『熊野集』の脱力の書法は、「意志して」選びとられたものであった〔井口二〇〇四〕。その点は先に引いた高橋敏夫のインタビューに答えての語りからも読み取れよう。

このようにも述べている。

今まであった土地が取り払われて、ごそっと消えていく。それは高度経済成長期に我々が経験していることですが、日本的な共同体の特性が最後に集約した形で残っていたのが、その「路地」であり「新地」であったと思うのです。この問題を文学としてどう決着をつけるか、それも是非やってみたかったことです。(「血と風土の根源を照らす――『地の果て　至上の時』をめぐって――」(対談＝小島信夫)・『波』一九八三年四月)〔中上集成一〕

前述の『紀州』では、あくまでルポルタージュの書き手として、「路地」ではない「被差別部落」を描いた。しかし、ここでは「路地」が小説という衣を脱ぎ捨てて語られもする。『熊野集』は、「路地」の物語と現実の語りとの混在であった。

中上は「路地」への愛着を躊躇《ためら》うことなく告白する。「私には気違いじみた愛着が熊野の路地という場所にあるのに気づき、われながらうんざりする」。あるいはこのようにも言う。「紀州が素晴らしい、南紀が素晴らしい、新宮が素晴らしいというのはそこに路地があるからで、路地からの光なしに南紀のどこに、新宮のどこに他の町を越えるものがあろう」。だからこそ中上には、「路地」解体に伴い、切り崩されかかった山の頂きにある紅白二本の桜の大木が、「路地の者誰彼なしにあと半年も経てば工事の人夫らの手にかかり、チェンソーで枝を払われて丸太になって切り倒される事を痛ましい気で眺めているのがわか」り、ちょうどそのとき、「山が切り崩され道が一本出来ただけで、親の許しを受けてもいない路地の子供らに、育てるには難かしい雛を生きて動く玩具のように売りつけるあこぎな商売人が入り込んできた」ことが、どうにもいたたまれないことであった（「桜川」・『熊野集』）〔中上五〕。

しかし、高校を卒業して東京に出た中上が、「路地」の住人に同化しえない存在であったことはいうまでもなく、『熊野集』を書くために、後述するように新鹿《あたしか》（熊野市）と新宮を往復するなかで、「私は東京の生活にもなじめないし、ましてや八つの歳で離れたとえどんなに路地の生活に恋い焦れても路地の者らと同じようにあたり前の事をあたり前として暮らせない」といった心情が吐露される。このようにもいう。「都から見れば熊野は差異としての対称物だし、熊野新宮から見れば路地は差異の対称物だし、路地からみれば極貧で暮らし多情な女親に連れられて幼い時期に他所へ行き屁理屈をつめ込んでもどった異人として差異の対称になる」。中上は「そんな遠近法を払いのけたい」のであった（「蝶鳥」・『熊野集』）〔中上五〕。

秋幸もの三部作といわれる「岬」『枯木灘』『地の果て　至上の時』以来、主人公秋幸らが「私生児」

であることは中上作品の主要なモチーフになってきており、『熊野集』でもその点が突き出される。作品「桜川」のなかでも、実父のことが詳細に語られる。実父の母もまた、「尋常な女ではなく、ああああの姐《いね》か、と死んでもなお今でも人に納得させるほどの、男なしでいられない女だった」とい い、実父もまた「私生児」であった〔中上五〕。秋幸をはじめ、『千年の愉楽』に登場する男たちも「私生児」であった。そして自らの出生についても、「女の　陰部から　ビロードの不幸をまとって　父のない　流動体のスピロヘータがとびだした」と記す（「履歴書」・『道』第一〇号、一九六六年八月）〔中上一四〕。

中上は、ここでも『宇津保物語』に拠りながら、このように述べる。

ウツホという空洞は、ヴァイブレイションのこもるところです。ウツホの主人公である仲忠という少年は、ヴァイブレイションのバリヤーに囲まれていて、私生児の状態なんですね。これは本当に不思議なところですけれど、イエス・キリストも私生児で、それに付き添うのが、母親のマリアです。このイエスとマリアのパターンが、時代や文化の違いを超えて、仲忠とその母親の上にもある。秋幸もそうです。（講演「小説のヴァイブレイション」一九八三年五月二〇日）〔中上集成六〕

こうして「私生児」であることも、中上のなかにあっては、プラスの価値に転換される。中上が述べる、「市民社会で呼ばれるような父親は路地にはないと言ってよく、男の親女の親とは、むしろ生物としての親という言い方に近」く、「父親、母親とは、実のところ路地の大人ら全員に他ならない」（「桜川」・『熊野集』）〔中上五〕というありさまは、共同体が機能していた、同和対策事業実施以前の被差別部落の多くに共通して存在した光景であった

しかし、彼は『熊野集』に登場する「浜村龍造」についてこのようにいう。「あれは秋幸の対立者として、父の化け物みたいなもの、親の化け物みたいなものとして出てきているんだけど、考えてみると、あれは、母系で育った者の、母権に苦しんだあとの、母権を否定したり、克服したりしようとする作家の側の化け物なんだと思うんだよ。だから、あれは、生身の俺が苦しむようなものだと思うんだ。逆にああならないと、どうしようもない。浜村龍造のようにならないと、どうしようもないと思うんだね。」（「物語の源泉」〔対談＝津島佑子〕・『文藝』一九八一年一月）〔中上集成一〕

中上の初期の作品に「母系一族」と題するエッセイがあり、そこで彼は、「あえて、恥を覚悟で言ってみる。つまりぼくは、完全に母系一族で育った。母を頭とする異父きょうだいのなかで育った」（傍点——原文）といい、続けてこのようにいう。「母系一族は、家族を構成しても、イエを構成しない。家庭を構成しない。従って、そういうイエも家庭も構成することのない母系一族は、イエや家庭を基にした父系の日本社会や世間とは相容れない敵対状態におちいるのは当然だった。この二十七の歳まで、いや母の子であった十七、八歳のころまで、われわれは数えきれないほどの鉄火場を踏んできた。武器や軍隊が双方にあるのなら、戦争さえ本質として可能なのである」と（『文藝』一九七四

年八月）〔中上一四〕。固有の父母をもたない「路地」の世界も、その共同性を美化してすませられるだけのものではなかった。後述する「常民」ではなく「賤民になりたいんです」というまでには、こうした葛藤が含み込まれていたのである。

一九八〇年、家族とともに五ヵ月ほど過ごしたアメリカを去り、三重県熊野市新鹿町に仮住まいをするなかで、中上は、「駅前通で靴店を経営し、俳句をつくる松根さん（松根久雄という新宮出身の俳人——引用者）」と酒を飲み、二人は「浄らかで純粋で無垢で、ナマケモノで、甲斐性がない人間ばかりだと路地を言い、それが有難いとも歯がゆいとも思う」のであった（同上）〔中上五〕。『熊野集』はこの地で書かれた。

『地の果て　至上の時』は「韓国で書き始めて（一九八一年二月から七月までソウルに単身で滞在）、それからアメリカのアイオワ（一九八二年九月から三ヵ月滞在）で書き終わった」（注記——引用者）といい、外国に出るようになったことと、『地の果て　至上の時』を書いたことは、ともに「路地の消失」と裏腹であることを、中上は柄谷行人の問いに答えるなかでも認めている（前掲「路地の消失と流亡」）〔中上集成四〕*。作品の最後の場面では、炎上する「路地」を前に、「秋幸はわたしが山取って路地つぶしてから神経狂て来とるの、感じとる。子供の時、わたしが親がわりでずっと一緒におったんよ。他の誰でもない、秋幸が、つけ火したんや」と美恵に語らせる。

＊『熊野集』の作品中でも、「アメリカで一年、できるならそれ以上暮らして来ようと思ったのは色々理由があるが、妻子を新鹿に置き去りにしたまま新宮の路地の空家にいると、路地が取り壊されるのを見たくないからアメリカへ行き、不安でしょうがないから半年でもどってきた気がするのだった」（傍点――引用者）と述べている（「蝶鳥」）〔中上五〕。

「路地」にも秋幸にもこうした最後を迎えさせなければならなかったほどの「路地」への中上の郷愁は、中上のように端《はな》から同和対策事業への不信を表明していたのとは異なりそれを要求して勝ち取ってきた人たちにも、少なからず共有されていた。

中上のこれらの作品よりやや遅れて、「同和対策審議会答申二〇周年記念映画」と銘打ち、ドキュメンタリー「人間の街――大阪・被差別部落――」（一九八六年、山上徹二郎製作、小池征人監督）が公開された。そこでは、部落の生活環境を変えるために、差別的言辞を浴びせられながらも市役所との交渉などを続け、自らに期待される家事・育児を犠牲にし、そのことを夫に責められながらも闘ってきたという女性が、一九七二年当時の部落のモノクロ写真を背景にその思い出を語る。

同和対策事業の一環として建築された、背景のモノクロ写真とは対照的なまでの近代化された鉄筋コンクリートの高層住宅には、部落の人たちはなかなかなじめず、慣れるまでに「一週間かかった」という。住環境は一転してよくなったものの、新しくなった部落の住宅は「ねたみの対象」であり、そこにまた「新しい差別」が生まれた。それればかりではなく、「部落の人たちも生活の変化にとまどっている」といったように、住環境改善がもたらした新たな問題が提起される。事業実施を勝ち取るまでの闘争の苦労を語った女性はいう。改良住宅に「入ったら入ったでさびしいわけや」。「荒《あば》ら家」でもかつては扉を開けたら隣人とすぐにつながることができたのだった。ナレーターはその女性の語りを補いながら、このように告げる。「部落のなかにあった人間関係の豊かさ、魂の共同性といった部落の良さを失ってきたのではないか。部落の人たちはそのことの大切さを気づきはじめている」。

同和対策事業の必要を全否定することは困難なはずだが、近代化された住宅が提供されたことで、被差別部落が他の地域にもまして保持しつづけてきた、あたたかさ、相互扶助、人と人とのつながり、といった言葉で語られる共同性が喪失されたことは大きな問題として前景化されており、それもまた当該時期の運動が直面していたジレンマであった〔黒川二〇一一a〕。

差別が不可視化された市民社会の虚偽性を『紀州』のなかで早くもみていた中上には、「路地」の住民がその共同体を破壊されてまでも「市民」になることにメリットは見いだせない。中上は、前述したように「部落問題」というならばそれは「構造」だといっており、だからこそ彼は「『紀州』のルポのとき、次は『資本論』だと考えていた」のだった〔前掲「路地と神話的世界の光学」〕〔中上集成五〕。

中上はいう。「僕は、これで終わりたいんです。もう秋幸という人物は登場させたくないんですよ。やはり、秋幸は路地との緊張関係で生きてきた、と僕は思うんですよ。路地が消えた以上、秋幸は、よその路地を捜してそこに住みつくかもしれない。例えば、どこかのゲットーかもしれない」。そうして『地の果て　至上の時』では、秋幸は、『千年の愉楽』に登場する「大きな巫女《みこ》」であるオリュウノオバよりも、「もっと大きなシャーマンみたいな形」となる。「それは自分の中では敵《かたき》みたいなものとしてあるんです。二つありましてね、熊野そして被差別部落の熊野性とか賤民性を徹底して、自分がそれになろうとするわけです。僕は、常民になんかなろうとは思わない。賤民になりたいんです。それを、ことごとく引き受けたいと思う。それを考えていくと、どうしても霊とか異類とかの交感などに触れ合わざるをえない。異類自体が、いわば闇に風穴をあけた世界なんですよね。自分自身が異類である、という考えですね」（傍点——引用者）（前掲「路地と神話的世界の光学」）〔中上集成五〕。

　守安敏司は、『熊野集』を「幻怪な綺譚と事実そのままの記述である日常的な話柄の報告の分裂が混在した作品集」と評し、「『路地イコール被差別部落』というテーゼ」は間違いであり、「とても、創作と呼べる作品は、この『熊野集』で達成できるはずはなかった」と述べる。そして、「現実の被差別部落と創りあげた路地を同一視したその究極に中上が見たものは、路地で死にながらに生きること、生きながら死ぬことが至福である『千年の愉楽』の世界であった」とする〔守安二〇〇三〕。「路地」を描くことの限界点に達した中上は、『千年の愉楽』へと向かった。

潜む差別の剔抉

『千年の愉楽』では、実在の田畑リュウと田畑禮吉の夫婦をモデルとする〔高澤二〇一二〕オリュウノオバと礼如さんの夫妻が見届けてきた「路地」の青年六人がそれぞれ惨《むご》い死を遂げるまでが、オリュウノオバの語りとして、語りの口調を活かした独自の文体*で描き出される。そこでは、「愉楽」ばかりが描写されてきたのではなく、実は「四民平等」になったはずの世の中で存在してきた差別の問題が論じられているのであり、部落問題史の観点からこの作品をとらえ返そうとするならば、今一度そこに立ち止まって、中上が、オリュウノオバの語りをとおしてこの明治の記憶を甦らせたことの意味を考える必要があるのではなかろうか。たとえば次のように叙述される。やや長くなるが、重要と思われるため引用する。

> オリュウノオバは考えた。確か子供が次々に路地で生れたその年の次の年の正月は、路地の若衆ら青年団を中心にして何を思ったのか火事にそなえて金を出しあって買ってあった消防団のハッピを着て、（中略）店の前にこも被《かぶ》りの酒樽を置いて道行く人に「飲んでいてよ」と酒を振る舞い、（中略）路地から外に出る三つの辻にそれぞれ一つずつ酒樽を置いて、「飲んでいてくれ」と初詣や年賀に出かける他所の土地の者に呼びかけたのだった。オリュウノオバは青年団の若衆らのその行動を馬鹿げた物を一つも考える事の出来ぬ者らのやる事だと思い、昔、正月に御堂の門が閉じられた事を知らないのか、材木商らの前に置いた酒樽から一杯の酒を呑んだ若い衆がど

ういう眼にあったのか親から聴いていないのかと問いただしてやりたかった。

誰も助けてはくれなかった、むしろことごとく敵だった。すでに政令が届き、一杯の酒をその材木商の店の前に据え置いた樽の中から汲んで飲んだとしても人を打ちすえる理由など一つもないのに、正月の城下町に迷い込んだ路地の若衆は材木商の若衆らから一年の景気にけちをつけるのかと棒で方々から殴られ蹴られ、廻りに集まった年賀の者らに助けて欲しいと頼んだが、神社に御参りして一年の祈願を祈った者らは長山の者が打たれているとわらいこそすれ、手を貸して救けようとする者などいない。それでも路地には若衆が振る舞い酒に口をつけて打たれていると知らせが入り、救けに行かなければ殺されてしまうと若衆も男衆も押しかけたが、血だらけになったその若衆を抱えあげ背負うだけでキヨラカな気持でいる初詣や年賀の者らに取り囲まれて仕返しの一つも出来なかった。鳴りをひそめていたその若衆は顔を覚えていた男を一人つかまえて来て、三人がかりで裏の山で殴りつけ足の骨が折れ肉を破ってつき破るほどにして、材木商の店の前に放り投げてきたが、今の青年団らは眼から火が吹くような屈辱を知らないのか物欲しげに、「飲んでいてくれ、飲んでいかんかい?」と言うのだった。

オリュウノオバはそんな意地も屈託もない青年団の若衆よりも、同じように頼りないが飯場で手に入れた金を一晩出かけた博奕であらかたなくし、残った金で一寸亭に置き去りにしたままの女に流行の柄のゆかたを買って使い切り、花火のように瞬間に燃え上ればいいと思っている三好

の方が数段女としては惹かれると思ったのだった。(「六道の辻」)〔中上五〕

改めての説明は要しないであろう。そこには、オリュウノオバの口を借りて、大衆の冷酷さと、それに目をつぶり卑屈すぎるまでの態度に出る「路地」の青年たちへの、中上の憤怒と苛立ちが表明されている。

＊中上は、小田実との対談のなかで、「僕は、それこそ説教節だとか、あるいは浄瑠璃だとか、浪花節だとかいう語りで延々とやっていくようなものを今の散文の方に導入して、みんなが書いているような文章読本の、文章アカデミーが手本を見せている散文を、何とかぶち壊せないかと思ってやって、そういう形になったんですね」と語っている(「日本文学の枠を超えて――『ベトナムから遠く離れて』を中心に――」(対談＝小田実)・『群像』一九八九年一〇月)〔中上集成四〕。

さらに一八七一年の「解放令」と、そのあとに起こった「解放令」反対一揆も登場する。「解放令」については、このように。

明治初年、太政官の公布により穢多解放令が発せられたその時の事で、オリュウノオバは、人の話からさながら自分がそこにいて、男が庄屋の方から早足で駆けて来て、なにしろわれわれは今の業苦から解き放たれる、人の生命に生れて死ぬという宿命があり若さが一時の借象のように老いがおとずれ体が衰え痛みつづけるように業苦としてあったものが公布を境に消えてなくなると早口でまくしたて、バンバイ＊と声をあげる姿がみえた。それも新時代だった。(「天人五衰」)〔中

上五〕

＊「万歳《ばんざい》」を意味もわからず、このように唱えた。実際の万歳の誕生は明治憲法発布時〔牧原一九九四〕。

ところがそのあとに起こったことが、オリュウノオバが「親代りの女からきかされた事」として次のように語られる。「解放令」反対一揆に起ち上がった民衆によって、被差別部落が襲撃される場面である。

或る時、雨戸が破れるほどの石が投げられた。耳を澄ますとおのれらァ、とどなる声がし、女や男らはその後何を聴かなくとも瞬時に事態をのみ込み、そのまま家の中に居続けると掘っ立て小屋同然の家はたちまち破られてクワや竹槍で突き殺されると思って裏から自分の家の戸を蹴破るようにして飛び出し、近隣の百姓らが手に手にクワやスキ、竹槍を持ってたいまつをかざし家々に火を放つのをそのままに暗がりの方へ、木の繁みの方へ逃げた。〔同上〕

オリュウノオバに、このように思考させる場面もある。

四民平等だと、上も下もなく皆一緒だと政令が出されけしからんと思った百姓らに竹槍で刺され家に火をつけられる事があった以降も、新宮では、神社の社を中心に発展した町だから特に、二月の御燈祭り十月の御舟漕ぎには町の中に入っても追われ殴られたのが、いまは若衆らは何のとがめを受けず加わり、松明《たいまつ》を持って神倉山の神体から競って駆け下りているし神社の御輿を肩にかつぎ御舟漕ぎに加わって裸を町衆の眼にさらしている。

それがよい徴候なのかどうか分からない。オリュウノオバは考えていた。誰も昔やった事を謝った者はない。四民平等だと言うがひと度昔のように物資が不足したりかつてあった震災のような事が起ると皆殺しに会うのは見えている。朝鮮人が多数いきなり理由なしに殺されたにもかかわらず新日本人とされたのと同じような意味が、四民平等に入っている。

「オリュウノオバはその意見を口がすっぱくなるほど礼如さん（夫――引用者）に言っていたのだった」が、「仏につかえる身の礼如さんは人がよい」ので「生きてくるという事も死ぬという事も皆同じや」となぐさめるのが常だった（「ラプラタ奇譚」）〔中上五〕。

その「四民平等」への不信は、オリュウノオバをして、「北海道に点在する人間《アイヌ》の路地《コタン》と路地を結び、理由なく襲いかかってくる者ら、いつでもしたり顔で近寄ってくる者らをやっつけるために弓矢を用意し、鉄砲を用意し、爆裂弾を用意して、戦争をするだろうと考え」させる。そして話は大逆事件につながる。「路地の者らの寺」である「浄泉寺の和尚の高木顕明が大石毒取《ドクトル》（誠之助――引用者）らの仲間として天子様暗殺謀議で逮捕され処刑された。寺は和尚が不在となり、仏の供養もないまま放り置かれた。礼如さんが処刑された和尚のかわりに路地をまわったが、それも戦争のせいだと言えば言える。戦争などいまさら恐れる事などなかった」と（「カンナカムイの翼」）〔中上五〕。

実際に、礼如のモデルの田畑禮吉は「毛坊主」と呼ばれてきた存在で、大逆事件によって高木顕明を失ったために、浄泉寺の檀家の中心であった被差別部落の人びとは葬儀も年忌もできなくなったので靴職人から転じてお経を唱えてその代替をしていたが、五五歳のときに毛坊主から得度して僧籍を与えられたのであった〔高澤一九九八〕〔高澤二〇一二〕。

オリュウノオバの思いは、「路地」の青年の達男のみならずアイヌの二青年にも寄せられる。

今こそ武器を取れ。オリュウノオバは言い、胸が昂ってこらえ切れずに涙を流し、路地も人間《アイヌ》の路地《コタン》も戦う事よりも和議を好み、舌先三寸でだまされ、みながみな腹の一部に穴をあけられたように空気が入らず、ただ目先の小さな快楽に甘んじてしまうのだと思い、その中で、達男と若い衆のポンヤウンペ二人、オリュウノオバにそそのかされたように孤立し、無惨に死ぬのだと思いつく。〔同上〕〔中上五〕

「解放令」反対一揆、大逆事件、関東大震災時の朝鮮人虐殺、いずれも「四民平等」をうたいながらの被差別部落の人びとや朝鮮人への差別に根ざした、権力と結合した抑圧・殺戮であった。オリュウノオバ、そしてその背後にいる中上は、それを「戦争」と称し、同じように「戦争」を仕掛けられているアイヌの青年にも「武器を取れ」と呼びかけた。しかし、みな「和議を好み、舌先三寸でだまされ」ており、「目先の小さな快楽」に甘んじ、跳ね上がった者は命を落とす。このように、「路地」解体後の差別が不可視化されたことに甘んじている被差別部落の人びとへの苛立ちと失望が重ね合わされて語られるのである。中上が追い求めたのは、「「市民」の論理に迎合するのではなく、「市民」の論理を切開しながら、『陰翳礼讃』の、その日本的な差別の構造を断ち割る」ことであった。しかしながら、そこから脱却する術はもはや発見できず、そこで立ち上がった達男らは命を落とすしかなかった。そして中上自身も、先に掲げた高橋敏夫との対談で、「路地」を描くことの困難を告白するなかで次のように言っている。

今、僕が路地ということに関して中断しているのは、たんに忙しいということではなくて、つまり、「その道もない」ということなんです。被差別部落の中に住んでいても、もしくはテープレコーダーや8ミリを持ちこんでやっていても、遅かれ早かれ追い出される。そこで反対者を組織しようとか、いろんなことをしても、僕の能力の限界で、できないわけでしょう。あらゆる言説をふりまいても駄目だと思ったとき、じゃあ一番至福な状態とは何だ、と考えたんです。すると、そこで死ぬことなんですね。だから、朝、目が醒めると、自分の身を切り刻んで死んだ自分がいて、誰かが発見してくれて……というのが、自分にとって一番至福の状態なんだ、と。そのことによって、俺は、逆に、この路地と残っていくんだ、と。永久に残っていくんだ、と。路地と被差別部落の二つを持った者として、そこで生きていけるというふうに考えたんです。（前掲「路地と神話的世界の光学」）〔中上集成五〕

しかし、そのような「路地」を「中断する」というぎりぎりの苦悩から死に至福を求めようとするなかで、中上はなおかつ、そこに至らしめた「市民社会」の醜悪さ、そしてそれに気づかず「路地」の人びとが取り込まれていくことの愚かしさを描くことを放棄しなかった。

僕が言いたいのは、日本は「特高」を経験しているにもかかわらず、その経験を一つも役に立てていないということです。僕は、日本の左翼はかつての特高の検閲を経験しているから、文章の裏を読んでくれるだろうと思って書くわけです。ところが、全然読まれないんです。これだけズレているんですよ。この日本で何を書いてもいいということは、単純に言うと、コントロールされているということですよ。官僚とか、国家とか、見えざる手にね。（傍点――原文）（同上）

これは、『千年の愉楽』とは別の文脈の発言である。しかしながら、中上のこの「左翼」読者への苛立ちは、『千年の愉楽』の読まれ方についても同様なのではなかろうか。

一九八四年に行われた歴史家阿部謹也との対談では、ふたたび被差別部落の母系制が話題になり、中上は、被差別部落には、「兄妹《きょうだい》心中」という盆踊りで好んで歌われる歌の文句のなかで「いましめなければならないほど、近親姦っていうのは多いと思うし、それが自然な感情に近いという、文化人類学的な意味での性の共同性がある」と語る。阿部は「日本のあらゆるところにもあると思いますよ」と窘《たしな》めるのだが、中上は、「被差別部落は母系制だと思っている」と津島佑子に語った（前掲「物語の源泉」）と同様の認識を前提にしながら、さらに「母系に暮らしている子供たちは、父・母の制度の庇護は弱い」ため「親は複数」になり、「そういう状態ですから、性の問題は非常に活発になる。

当然、被差別部落の中では近親相姦の契機がより多くあり、タブーがより強くあると言うことができます」と言い切る。そうして、「実際、被差別部落では近親相姦があることで、「精薄」＊の子供たちが生まれることはありますよね。（中略）彼らは、部落の中では切り捨てられない存在で、仲間うちにあってもバカだとかとろいとか言われるけれど、彼らは彼らで自己主張もできる。部落では、自分で自分の存在をもぎ取っていけるわけですから」（傍点――原文）ともいうのである。（「中世ヨーロッパ・被差別民・熊野」（対談＝阿部謹也）・『日本読書新聞』一九八四年一一月九日）〔中上集成二〕

＊知的障害のことをかつては「精神薄弱」と称した。その略称。

中上は、「私生児」「近親姦」、そしてそれによる障害など、まさに「人種」を創るために付与されてきたかつての部落民表象を、被差別部落の人びとに一手に引き受けてさせたともいえる。ただしそれは、「本当は被差別部落は一番力を持っているんですね。日本が揺れる時に、部落も動いていないとダメなんです。六〇年安保の時にでも、部落が動いていたら、革命政権だってできかたもしれない（笑）」というように、本来の「部落」というものへの信頼と自負に支えられていたからであろう。阿部の、障害を持った子供たちに対する機能が現在の部落にどの程度あるのかという問いに対しても、「今もその機能は半分くらいは生きている。それが聖なる場所のあかしでもあるわけですよ」と応えており（同上）（中上集成二）、中上は、「路地」が消失したあとも、「部落」への誇りと希望を保持し続けていたのだといえよう。

対立の「無化」を求めて

しかし、それは実態としての「路地」が解体してしまった以上、観念の世界において保ち続けられていくこととならざるをえなかった。「路地」消失のあとに、そのような境地にいたった中上が求めていった途の一つが、先にも述べた「汎アジア」であった。

その視点を打ち出した作品の一つが、未完に終わった大作『異族』（一九八四年五月から、中断を経て一九九二年まで一〇月まで連載され、中上没後の一九九三年に講談社から単行本として刊行）であった。そこには、「路地」出身の主人公タツヤのほかに、在日韓国人《チェイルハングクサラム》のシムやアイヌのウタリという名前の若者が登場する。そしてその三人には、心臓部に同じかたちの青アザがあり、タツヤは「三人はまったく一つのものだった」と思い「妙な安心感」がわき起こり、シムもまた青アザから送り込まれたように感じる「青い血は在日僑胞のものでも単なる日本人のものでもなく、新しい人種を証す血」（傍点——引用者）として受けとめ、「ウタリやタツヤの記憶する路地と同じように複雑に入り組み体の中に縦横にのびた血管の中を駆けめぐる」と感じるのである。そして、かつて「満州国」に行っていたという「年老いた右翼の大物」槙ノ原から、三人がもっている青アザは「満州の地図だな」と言われ、三人は「義兄弟」どころか「真の兄弟」であることを受け入れていく〔中上一二〕。『異族』の連載を開始する前年、中上は、「アイヌ人や在日朝鮮人なども含めた被差別民つまりマイノリティである人びとに対し、それ以外の人間を総称して〈日本人〉と呼んでいるんです」、それがすなわち「その戦争犯罪も含めて、かつての大日本帝国のときに体制に属し体制から恩恵を受けた人間たちは、大きな口は叩くな、というのが僕の発想なんです」〔前掲「路地と神話的世界の光学」〕〔中上集成五〕と語り、大日本帝国の「体制」に属した「日本人」に、三人の若者たちに象徴される「異族」を対置させた。

すでに連載が始まってからの小田実との対談のなかでは、「天皇制の問題と、「異族」といわれる被差別部落民とか、アイヌ民族、在日朝鮮人、韓国人の問題、それから沖縄問題をぶつけてみる」ことを試みたと告白し、さらにこのようにもいう。「僕自身がもともと被差別部落の出身で、どうしてもやっぱりいわゆる単純な韓国・朝鮮ファンだとか、そういう状態になれないみたいなところがある。あるいは革命ファン、第三世界ファンとか、そういう状態になれなくて、僕は例えば中国で天安門事件が起こっても、やっぱりわがことだと思うんです。僕はあれは全部、部落問題だと思うんです」と〔前掲「日本文学の枠を超えて」〕〔中上集成四〕。手垢にまみれた政治主義の言葉で連帯をいうのではなく、彼の心の底からの思いが、気負わず率直に語られている。

さらに彼は次のようにいう。「僕は、部落問題について、今僕が見えている問題ということでは、差別語の問題とかということじゃないんです。部落共同体というのは、例えば差別されているとか、つまり、部落の人間たちが表面的に、貧乏だとか、辛いとか、そういう悲しみとか苦しみを共有できるし、それでまとまるけれども、ところが楽しみとか、喜びとかを共有できない。それは、宗教がないからだろうし、中心になる思想が弱いせいだと思うんですが、少し情況がよくなると、まとまらないで、ただ小金を持って、あっ、よかったねとそっぽを向くか、あるいはただ嫉妬するとか、あるいはそこを出ていった人は、部落に残っている者らと全然関係ないというようになっちゃう」。それは、これまで繰り返し中上が語ってきたことであった。「部落問題」があるとすれば「構造の問題」だという、まさにそのことを具体化したものだといえよう。そうであるとすれば、「僕自身が、天安門事件でも抽象的に浮いた浮いたで見られない。どうしても何か自分の問題と全部重なっちゃうところがあ」り、「沖縄もそうだし、韓国に関してもそうだし、ベトナムもそう」だということになる（同上）〔中上集成四〕。

被差別部落に関していえば、「中心になる思想が弱い」ことも、文化的統合の中心に天皇を置くということにつながるのだろうか。中上は、「日本はことごとく対立を無化する。全部天皇制だと思っているんですよ」（前掲「路地と神話的世界の光学」）〔中上集成五〕と述べて、「対立を無化する」機能を天皇に求めることを表明する。

それは、実在の天皇への敬愛とも重なっていた。中上は、帰郷中の熊野で「天皇崩御」を知った。

「皇軍の一兵卒として戦争にも行った」父の涙する姿を前に、彼はこのように述べる。

息子の私から言わせれば、父の自然の涙に感動し胸熱くなりながら、天皇という廃絶も放棄も出来ぬ御方をいただく日本という国で、言葉の専門家として、ある愉悦と苦痛に、ただ呻《うめ》いている。というのは、私も父も被差別部落民である。私たちは有形無形の差別を被り、目撃し、人権を侵害する事や醜い差別事象に生涯闘い続けるしか生きられないという宿命を刻印されている者らであるが、父に自然の涙を流させる天皇は、また自然のようにこの社会に存在する差別の最初の発信地でもあるからである。

しかし「両横に位置し、社会をブックバインドのようにはさみ込む天皇と被差別部落は、さながら、日本社会の二つの外部のような形を取る。ここでは、天皇が差別の最初の発信地どころか、天皇もまた自然のように存在する差別を被る場所だという事になる」。そして彼はいう。「天皇の崩御を知り、故郷の熊野の山河を見て、私は自分を逆立ちした天皇主義者だと思ったのだった。逆立ちという言葉が適切でないなら、ねじまがった、と言い換える。ねじまがった天皇主義とは、天皇を徹底的に文化の文脈に置いて読み込む事であり、一つの外部に従属し、融合し、軋《きし》むもう一つの外部として自分をはっきり自覚する事である」(「日本の二つの外部」『琉球新報』一九八九年一月一四日)〔中上一一五〕。このようにもいう。「(天皇に関心を——引用者)持たざるをえない。なぜここで被差別部落のようなかたちで差別が存在するか、被差別部落が存在するか、と問うのと、なぜここに天皇が存在するのかと問うのとは、同じ作業ですよ」〔前掲「路地の消失と流亡」〕〔中上集成四〕。まさに、前述した井口時男がいうところの「愛憎複合」であった〔井口二〇〇四〕。

彼は、「天皇制の問題」と、被差別部落だけではない「異族」と呼ばれる人びとの問題をぶつけてみると述べていたが、それによって被差別部落のみならず、大日本帝国が作り出し、それらの人々に与えてきた「外部」性をさらけ出すということなのであろうか。「逆立ちした」「ねじまがった」天皇主義者とは、あえてそれを行い、なおかつ天皇への敬愛を持ち続けていることなのだろうか。

中上は、『異族』のなかで、「路地」出身のタツヤの思いを次のように描く。

大和の中の異物だが、大和であるのに変りない。異物と言うが、何が異物か定かではない。肌の色、骨格、髪の毛、何も違わない。言葉も違わない。宗教も違わない。あえて言えば、先祖が、卑しめられ、疎まれ、人が遠ざける仕事に従いて来たからだった。槇野原はまさにその点に牙の力があるのに気づいた。その牙に、一つつけ加えてやればよい。その一つが牙の煩悶を解消する。先祖のせいで、いまの煩悶が存るというなら、歴史や文化を集約して体現するその一つをつけ加えればよい。牙はその一つ、てんのうを叫ぶ。タツヤは槇野原の理想のてんのう主義者になり続ける。てんのうと叫ぶと煩悶がおさまる気がする。そのうち他人がてんのうと叫ばないと、自分が屈辱され、差別される気がして無理強いしてまで、てんのうを叫ばせようとしはじめる。〔中上一二〕

「先祖のせいで、いまの煩悶が存るというなら、歴史や文化を集約して体現するその一つをつけ加えればよい。牙はその一つ、てんのうを叫ぶ」というこのタツヤの心情は、ほかならぬ中上自身を語るものであろう。とはいえ、中上の天皇への敬愛については、柄谷行人もまた「君のこの時期の言動には、よくわからないものがある。特に、天皇に関してね」といい、*私もまた柄谷に勝るとも劣らず容易に理解しえない。しかしながら、中上が被差別部落の「構造の問題」の深さを熟知しているからこそ、そして自らがそれと直裁に向きあったら「暴力」に走りかねないことも知っているからこそ、あえて「逆立ちした天皇主義者」となっていったのではないかと私は思う。

＊中上は、昭和天皇の死に際し、昭和天皇の作歌の指南役を務めた岡野弘彦との対談のなかで、次のように述べている。
「天皇が歌をつくられている、これはものすごく大きなことだと思うんです。（中略）それから、僕らが自然に対してどう向かい合うのかということの根源に天皇がいらっしゃる。たとえば僕らは農耕とか稲の文化について、頭で考えたりいろいろしゃべったりするんだけど、実際に稲を植えることはないですよ。ところが、天皇は、たくさんはお植えにならないけどきちっと田んぼに手を突っこまれて、稲を持たれて植えてらっしゃる。そういうことだって、根幹に天皇がおられるわけです。だから我々が自然を云々するときにどうしても避けて通ることができないと思う。物語というのが誰を語るのか、誰に向かって語るのかということを考えると、どうしても天皇というお方が、天皇という言葉を出さなくてもその第一人者というか、あるお方が影のようにぼーっと大きな形としてできてくるんですね。」（「天皇裕仁のロゴス」（対談＝岡野弘彦）『文學界』一九八九年二月）〔中上集成三〕。

中上は小田実に、「僕の場合、暴力の発生には理由がある。意味がある。暴力がないと、どうしようもない」、「うんとガキのときに走っていった道は、そういうところだと思うんです」と語る。しかし今は違い、「非暴力とか、その気位の高さというのは、人間をもっと高める」というが、「それにしても自分の小説で、その暴力の発生の起源を、僕はしょっちゅう書いている感じがする」のは、「その暴力団に行く過程の、その暴力の発生を認めてやりたい」からだという（前掲「日本の文学の枠を超えて」）（中上集成四）。つまり、今でこそ彼自身は理性で「暴力」を他のものに転化ないしは昇華できるようになったが、被差別部落には「暴力」が内在していること、「暴力」を孕まざるをえないことを熟知しているのである。*だからこそ彼は、「対立の無化」を、かつて大逆事件として高木顕明と大石誠之助をその名において死に至らしめた天皇に求めて行かざるをえなかったのではなかろうか。

*のちに『千年の愉楽』の映画監督を務めることになった若松孝二は、中上は「新宿の飲み屋で大げんかをして以来の友人」であり、その出会いの際の大げんかの原因は、「彼が飲みながら「俺はエタだ」と言ったから」だという（若松二〇一三）。菅孝行もまた、中上は「〈俺は穢多だ〉と酒場の相客を折に触れて恫喝《どうかつ》していた」と記している（菅二〇一三）。そこから私の目の前に浮かび上がってくるのは、つねに被差別部落という出自を背負っていた中上の姿である。

佐藤康智は、『千年の愉楽』を論じつつ、「文字の読み書きができぬオリュウノオバを軸とした入り組んだ語りから生まれる物語を、作者が書きもどく本作は、「負の万世一系」(『解体される場所』)を言祝《ことほ》ぐことで、天皇と熊野との差別的関係を固着化した日本神話と対峙する、路地版『古事記』とも読める」〔佐藤二〇一二〕と説明する。中上は「路地」に根ざして「負の万世一系」を対置させたということになろうか。

柄谷行人は、「現在に及ぶ「日本精神」の起源と被差別部落の起源は同じものであ」り、「したがって、被差別部落の問題はたんに近代的な人権問題の一つに解消されることはない」として、次のように中上を評価する。「中上がやってきたのは、その意味で、日本的な権力との闘争である。被差別部落の問題を捨象して中上を読むのはまちがいである。しかし、たんに被差別部落の問題として読むのもまちがっている。それらは、いずれも、被差別部落を構成したものが日本の「近代」の歪曲を構成したものだということを見逃しているからである」と述べる〔柄谷一九九六〕。被差別部落の起源をどこに求めるかといった議論はここではさておくとしても、中上がその二つを同一にとらえてきたことはまちがいなく、その意味で柄谷の指摘は示唆に富む。

中上は、市民社会の醜さ、それが内包している膿を深部から切開して見せることにおいて長けていた。巧みというのではなく、真剣に正面からそれに挑んだ。「《身内ノ恥》をさらし、他人を巻き添えにしてまで中上に一連の私小説を書かせている主要な動機は「正義」である。市民社会の欺瞞を暴くこの「正義」は、まぎれもなく公事にかかわる公憤である」〔井口二〇〇四〕という井口の評価は当を得ていよう。しかし、中上はその苦悩をあまりに深く背負いすぎていたがゆえに、それを「切開し」「暴く」ことはできても、その「欺瞞」を生む構造に丁寧に向き合い、問題を解きほぐす努力にはいたらなかったのではなかろうか。それは、我々が引き受けるべき課題である。

3 「被差別部落」という語りの無化／後退

部落問題認識の希薄化

地域差も大きいと思われるが、近年とみに、部落問題を知らない若者が増えた。二〇一三年一一月に東京都が二〇歳以上の都民を対象に行った調査結果をまとめた「人権に関する世論調査結果報告書」(http://www. metro.tokyo.jp/INET/CHOUSA/2014/04/60o48111.htm) によれば、「同和問題を知っている」は全体の八〇・八％であり、年齢別に見ると、男性は五〇代の九〇・九％をピークに、高齢世代、若者世代いずれも両極に向けて下降し、とくに二〇代は七一・〇％と最も認知度が低くなっている。女性もほぼ同様で、四〇代・五〇代がともに八四・七％で最も高く、やはり二〇代は最低で六五・四％となっている。そして、「知っている」と言っても、その認知の度合いやその「知りえた」

ことの内実はさまざまである。

そもそも「同和地区・同和問題を知ったきっかけ」についての回答結果は、「テレビ・ラジオ・新聞・本などで知った」が二二・八％、次いで「学校の授業でおそわった」が二一・九％で多く、「家族（祖父母、父母、兄弟、姉妹など）から聞いた」が一九・〇％でそれらに続く。家族からというのも、しばしば差別と偏見に満ちた情報を伴う危険性を孕むが、前二者も、ごく表面的な知識や用語だけである可能性も大いに含まれており、私自身が大学生と授業を通して向かい合ってきての実感は、東京では、おおむね歴史の教科書に出てくる程度の知識をかろうじて持ち合わせているというのに近い。しかしながら、知らないから差別をしないと楽観してはいられず、部落問題は身近にない、何も気にしない、といっている若者たちが、ひとたび親や親族などから被差別部落についての負の情報が入ると、たちまちにしてそうしたステレオタイプの認識をそのまま受容してしまうことは少なくない〔黒川二〇一三〕。

部落問題の認知度の低下要因はいくつか考えられる。

一つは、すでに前節でも中上健次をとおして述べてきたように、同和対策事業によって被差別部落の住環境改善が進み、実態面で被差別部落と部落外の格差が縮小し、問題が見えにくくなったことである。また、前述の「部落地名総鑑」事件などを奇貨として就職差別が改善に向かったことも大きな要因の一つであった。

二つ目は、そのような実態の変化にも影響されながら、部落問題を固有に取りあげるのではなく、人権のなかに位置づけようとする流れが強まり、かつてのように部落問題が注目される機会が少なくなったことがあげられよう。先の「世論調査」で認知度合いにおいて四〇代から五〇代がピークとなっているが、それは同和教育や職場での同和問題研修を受ける機会が多かった世代と符合しており、そもそも二〇〇二年三月の特別措置法の廃止と相前後して、「同和教育」という名称はもとより「同和」という語はほとんど消えてしまった。同和教育が人権教育に変わるのは、是非はさておき宜なるかなであっても、もはや一九五三年に結成された全国同和教育研究協議会も、二〇〇九年に「同和」の看板を少なくとも名称からははずし、全国人権教育研究協議会と称するにいたった。一九七四年に大阪部落解放人権研究所から全国事業を行う組織となった部落解放研究所は、一九九八年、「部落解放」は残しつつも「人権」を付して、部落解放・人権研究所と改めた。

社会学者の三橋修は、すでに一九九三年に行われた政治学者石田雄との対談で、「最近は部落問題とか同和問題というと人がもう全然集まらないし、関心もない、だから基本的人権、あるいは基本的をはずして人権の問題ということで、お役所がやるようなものは人権講座シリーズなんていうのが多くなっているように思うんです。つまり、本当に基本的人権が問題の中心になったというよりお題目としてはやっているだけとも言えるように思いますね」と慨嘆している〔石田・三橋一九九四〕。それればかりか、「同和」から「人権」への改称は、人権教育や啓発において部落問題を取りあげないことの口実ともなっている。

「人権一般」への流し込み

そうした人権一般への流し込み、なだれ込みの要因はいくつか考えられる。

この点はこれまでにも述べてきたが〔黒川二〇一一b〕、一つは、部落問題は解消に向かっており、かつそのようななかで部落問題をことさら取りあげる必要はない、もしくは取りあげること自体が差別の解消のために逆効果ですらあるという見解である。部落差別は解消に向かっているとの認識は、部落問題に無関心であったり、あるいは差別意識にとらわれている人びとの心情とも重なりながら広がりをもってきたといえよう。あるいはそうした意識とないまぜになりながら、部落問題を理解していないがゆえに、それを語りたくない、逃げたいという意識をも包み込む。

もちろん、負の側面ばかりではなく、一九八〇年代初めから部落解放運動が中心になって取り組んできた反差別国際運動の成果を引き継ぎつつ、部落問題を他の人権問題との関わりのなかで考えるという〝開かれた〟視野をもつにいたったことも意味しており、それ自体は重要なことである。

しかしながら、耳に心地のよい人権一般に流されてしまうことは、ともすると、アジア・太平洋戦争下に、弱者の人権を踏みにじったまま「国民一体」を呼号しつづけた大日本帝国と同じ轍を踏むのではないかとの危惧を、私は抱く。かつて『同和はこわい考――地対協を批判する――』(一九八七年、阿吽社）を世に問い、部落解放運動と同和行政のあり方の双方に批判を投じた藤田敬一は、鹿野政直との対談のなかで、「部落問題とその他の人権諸課題との関係について言えば、「人間の問題への普遍化」の動向は否定しないが、「大事なのは、それぞれの課題が「響き合い、重なり合う」ような感性の広がりと深まりにつながっていくのかどうか、「周縁・少数」とされてきた人びとの「苦しみ・悲しみ、憂さ・辛さ」への眼差しが豊かに育まれてきたのかどうかではないでしょうか」（傍点——引用者）と問う〔鹿野・藤田二〇〇八〕。重要な指摘であろう。

また、被差別部落の住環境改善が進み、差別が顕在化しにくくなったことも相俟って、部落の「誇り」の語りが全面に押し出されてきた。それは、被差別部落の悲惨な面ばかりが語られることによって、当事者が自己肯定感を持ち得ないこと、また、それによって受け手が作り上げる被差別部落に対する負のイメージが、また差別を生みかねないとの懸念にも支えられていた。確かにその点も重要ではあろう。しかしながら、「誇り」の語りは、部落問題に立ち入ることに怖れをなす教師たち語り手にとって安住の場となるものであり、そうした人びとがいとも安直にそれに流されていったことは否めない。被差別部落の共同体のぬくもりや伝統芸能、食文化などが伝えられても、それは必ずしも、被差別当事者の前にたちはだかる「身の素性」を打ちのめすことにはつながらない。そればかりか、被差別部落の人びとが置かれてきた貧困や差別が語られないことが、元来の意図に反して部落問題理解を遠ざける結果をもたらしたであろう。

ふたたび中上健次に立ち返ると、彼はこのように述べている。

路地というものはもともと悪いものであって、善意で路地を考えるなんておかしい。そんなものは解放教育とか解放同盟のデマなんです。盗っ人とかポン引きとか今でも悪い人ばかりいるんだからね。それがだんだん解放同盟なんかの組織がいろいろなことをやって、自分たちはいいんだとか、自分たちは善人だとか言って弱くなってしまったところがあると思うんです。それで路地がなくなってしまったんです。(「大正行動体と路地の論理──『無(プラズマ)造型』をめぐって──」・谷川雁『無の造型──六〇年代論争補遺──』しおり、一九八四年九月)〔中上集成二〕

内部からしっかりと等身大の「路地」を見つめてきた彼ならではの発言であろう。ロマン主義の安易な「誇り」の語りは、部落問題の消去に荷担してきた側面すらあるのではないか。

一方で、安倍晋三や麻生太郎ら保守政治家たちの慰安婦問題に対する発言や、ヘイト・スピーチなど、「ネオ・レイシズム」〔酒井二〇一三〕といわれる状況はあとを絶たない。

また、もはや忘れられつつあるとの感もあるが、二〇〇三年、麻生が野中広務について、「野中のような部落出身者を日本の総理にはできないわなあ」と発言したことを野中自らが自民党の総務会の場で追及したこと〔魚住二〇〇四〕や、『週刊朝日』(二〇一一年一〇月二六日号)の大阪市長橋下徹特集記事によって、「身の素性」による〈部落外〉にいる者のあぶり出しが行われたこと〔宮崎・小林二〇一二〕〔『部落解放』編集部二〇一三〕も、社会に潜在する被差別部落に対する差別意識の氷山の一角が露見したものといえよう**。

＊野中は、辛淑玉《シンスゴ》との対談〔野中・辛二〇〇九〕で、麻生の発言は二〇〇一年三月一二日の大勇会であったと述べている。

＊＊「市民社会」に潜む差別のありようについては、〔黒川二〇一三〕で述べたので、それを参照されたい。

「被差別部落」という語りの後退

大学の授業で、部落問題を知らない学生に部落問題の〝今〟を少しでも知ってもらおうと思い、「人間の街　大阪・被差別部落」（一九八六年）、「家族　部落差別を生きる」（一九八八年）を上映すると、もっと直近のものが観たいとの要望が出る。ところが、最近のもので、それらと同列に位置づくような被差別部落のドキュメンタリー映画はなかなか思い当たらないのである。

そのようななかで、とりあえずあげるならば、『ある精肉店のはなし』（二〇一三年、監督・纐纈《はなぶさ》あや）であろうか。大阪府貝塚市の「ある精肉店」すなわち北出精肉店の一家は、「牛を育て、屠場で手作業による解体処理を行い、小売までを一貫して手がけてい」たが、利用してきた市営屠場の閉鎖が決まり、カメラがその一家の屠畜作業を追う（「インタビュー／纐纈あや「「食べる」ことは、人が「生きる」こと――映画「ある精肉店のはなし」」・『ＴＯＫＹＯ人権』第六一号、二〇一四年春）。同作品は、次のように紹介される。

家では、家族４世代が食卓に集い、いつもにぎやかだ。
家業を継ぎ7代目となる兄弟の心にあるのは
被差別部落ゆえのいわれなき差別を受けてきた父の姿。
差別のない社会にしたいと、地域の仲間とともに部落解放運動に参加するなかで
いつしか自分たちの意識も変化し、地域や家族も変わっていった。

そして「「生」の本質を見続けてきた家族の記録」であるという。（「ある精肉店のはなし」HP http://www.seinikuten-eiga.com/%E6%98%A0%E7%94%BB%E7%B4%B9%E4%BB%8B/）

しかし、かつての部落問題を主題とした作品のようには、部落差別の問題は前景化されない。監督の纐纈あやはこのように述べる。

> 差別を描くのは難しいことです。実際の場面に居合わせられることはなかなかありませんし、それを撮ればいいというものでもないと思います。（中略）「問題」を問題として理解するのではなくて、私たちはみな誰もが、同じ生活者なのだという視点を持つと、いかに豊かな営みと巧みな技術、伝統、そして温

17　「ある精肉店のはなし」（同映画のHPより）

かい結びつきが残っているかが見えてくる。そこから、今まで彼らに向けられてきた差別や偏見とは一体何なのかを問いたいという思いがありました。（前掲「インタビュー／纐纈あや」）

たしかに、「北出さん一家」を突き詰めていくと部落差別の問題に行き当たらざるをえない。しかし、彼女は屠場の見学に行き、「この仕事があるから、私の「食べる」という日常があるんだなって。屠場の仕事を知らないために、差別や偏見が生まれているのは、大きな間違いだと感じました」と語るように、纐纈がこの映画をつうじて挑むのは、第一義的には「屠場での仕事に関する差別」である。「地域の皆さん」からは「私たちの置かれている現実を中途半端に映画にしてもらったら困る」と言われ、「多分、全然わかっていないんだろうけど、分かろうしていることだけは伝わる。引き下がりそうもないしね」と言って承諾してもらったというように（同上）、屠場の映画を撮るために部落問題を学んでいったのだといえよう。

この作品を立教大学の学生橋口聖が多摩市の映画祭で上映したことが新聞で報じられたが、そこでは部落問題はまったく言及されず、問題にされたのはもっぱら「と畜産業」への差別であった。橋口は、「世界にはさまざまな差別がある。それぞれの原因は根深いが、知る努力を放棄したら、改善は難しい」と訴えるように、そして「僕は映画を見て以前よりお肉が好きになりました」と語るように（『朝日新聞』二〇一四年五月三日）、そこには「食肉」という日常的行為に関わるものを切り口とし若者世代が差別を考えるきっかけにしたいとの願いが込められているのであろう。

そのような傾向の端緒は、実はすでに一九九二年の『橋のない川』の二度目の映画化（監督東陽一）の際に現れていたといえよう。映画の宣伝コピーには、「日本近代を貫いた二〇世紀の〈魂の叙事詩〉」「愛を知り、人は光を放ちはじめる」とあり、もっぱら「愛」が強調され、部落問題が主題であることをあえて示さない手法がとられているようにさえ見受けられた（黒川二〇一一a）。

前節でとり上げた中上健次の作品『千年の愉楽』が、「ある精肉店の話」と同じ二〇一三年に若松孝二監督によって映画化されており、それにも同様の兆候が見てとれる。映画のHPの「解説ページ」http://www.wakamatsukoji.org/sennennoyuraku/index01.html を読んでも、「紀州の路地に生を受け」と書かれているだけでは、多くの人は被差別部落を舞台にしたものであることはわからないままであろう。映画の内容を紹介した『若松孝二　千年の愉楽』（二〇一三年）には、さすがに監督の巻頭文のあとに、菅孝行の部落問題についての分量のある解説（「〈路地〉の背景にあるもの」）が置かれており、けっして被差別部落というテーマをことさら隠蔽しているわけではない。同誌に掲載された「完成台本」（井出真理）をたどると、被差別部落に関わるものは、半蔵が産まれる際の礼如と彦之助の会話のなかで、礼如が「高貴で穢れた一党か……」などと語っていること、「ほやけど俺ら路地生まれじゃけ、漁師仲間にはいれてもらえん」という三好の台詞、「三好もまた、己らの穢れを、己らで清めるように命を落とした」という語り、「高貴で穢れた血を継いだ、中本の男じゃよ」という礼如の台詞、そして最後に流れる「バンバイ　バンバイ／明治の御代を迎えてよ／四民平等の声聞いて／万歳という字を知らず／意味もわからぬ者ながら／バンバイ　バンバイと叫んだが／礫打たれて　火を放たれて／槍で突かれて捨てられた（後略）」という歌に、ほぼ限られる。中上の原作の主題を理解している者にとっては、そこから背後にある部落問題を読みとることは容易だが、先に述べてきたような部落問題の認識のあり方のなかで、いったいどれほどの人にそれが伝わるだろうか。むしろあえてわからせようとまではしていないのであろう。

同誌のなかに、三好を演じた一九八二年生まれの俳優高岡蒼佑のインタビュー記事がある。そこで高岡は、「此の作品の根底に流れる「差別」という問題はどのように意識していました？」と問われて、次のように答えている。

僕は、個人が自分の〈運命〉をどう意識するのか、そこから逃れたいとか、逃れられないとか、そういった感覚を演じていました。〈被差別〉という括り方の演技ではなく。そもそも、〈差別〉という意味で考えるならば、何を〈差別〉と捉えるか、という事がありますよね。一〇人いれば、一〇人違う考えの人がいる。マンツーマンで向き合えば、それは対等な意見交換。でも、人数が増えてくると、そこで少数を排除していく。差別になっていく。自分にないもの、共感できないものを排除したいという感覚も、言うなれば〈差別〉ですよね。（「鉛のような〈宿命〉と刹那の炎と」）

この映画作品の背後には「何を〈差別〉と捉えるか」などといった悠長な問いを発するまでもなく、

自分を苦しめている差別から逃げることのできなかった原作者中上健次がいたのであり、そうした点からこの発言を批判することはたやすい。しかし、特に若者世代の最大公約数的な語りであることはおそらく否めず、そうであるならば、私たちはそうした意識と向き合っていかなければならない。

「ある精肉店の話」が屠場労働者の差別に、そして「千年の愉楽」が「日本」という「路地」に部落差別を流し込もうとしているように見え、そのことは、製作者が意図するか否かとは別に、被差別部落という語りの「消去」ないしは「無化」に向かうものではないかと思うのである。そしてそれこそが、部落問題が〝見えにくくなり〟理解されにくくなった今日、それでも差別という問題に接近させ、状況を多少なりとも打開する戦術だと考えることも可能であろう。そのことの意味を受けとめつつ、そしてそれが被差別部落に対する意識をいくらかでも揺さぶることになるであろうということを承知しつつ、しかし私には、部落差別を正面突破する道を断念していいのかという思いは残る。

近年、同和対策事業を勝ちとってきた世代とは異なる「新しい部落民」像を打ち出す試みが行われており、それには、まさにその「新しい部落民」をキイワードとして書かれた角岡伸彦『被差別部落の青春』（一九九九年）をはじめ、解放出版社編『INTERVIEW《インタビュー》「部落出身」――一二人の今、そしてここから――』（二〇〇三年）、内田龍史編著『部落問題と向きあう若者たち』（二〇一四年）などがある。

そのなかに登場する、三重県度会《わたらい》郡大紀《だいき》町出身で一九八〇年生まれの本江優子は、「中学二年生のときに部落のことが社会科の教科書に出るということで、先生が家に来て」そのあと、生まれ育った場所が被差別部落であることを父から、母とともに初めて知らされた。高校卒業後に学校推薦で紹介された就職先から「同和地区出身」を理由に不採用となり、また高校卒業後に二年間つきあった男性との間で結婚の話が出ると、その男性の母親から反対を受けた。「このまま彼と別れてもいいと思ったのと同時に、今後、別の人と付き合ってもまた同じことになるんやなと考えると、「ああ、もう生きててもしゃあないわ」と思って、気づいたら手首を切っていた」たが、家族が気づいて大事にはいたらずにすんだ。さらに同じ地域に住む同級生が、やはり結婚しようとした相手の親から、「あんた部落の子やろ、血が緑なんやろ」「結婚なんか許すわけがない」と言われて結婚が破談になったという一件にも関わる（本江優子「もっと早く知りたかった」〔内田二〇一四〕）。いまだこうした差別は、執拗に存在するのである。

中上健次は、天皇を軸とした「日本」に部落問題の「無化」を描いた。〝夢見た〟という方が正確かもしれず、それはリアリティをもたないことは中上も承知していたはずであり、にもかかわらず彼はそうするしかなかったのであろう。とすれば、私は、丁寧に真の「無」を求め続けていくという、「不断の精神革命」をめざして歩むしかないだろう。それは、ほかならぬ自分の所属する集団以外の、すなわち自己の利害に関わること以外のことについての差別の不当性を認識し、それに立ち向かうことのできる普遍的な人権の希求であらねばならない。

参考文献

雨田英一「福沢諭吉の「丸裸競争」と「人種改良」の思想」（学習院大学東洋文化研究所『東洋文化研究』第二号、二〇〇〇年三月）。

浅野　麗『裳の領域――中上健次・作品研究――』二〇一四年、翰林社。

朝治　武「第二章　水平社宣言の歴史的意義」（朝治・守安敏司編『水平社宣言の熱と光』（二〇一二年、解放出版社）。

朝治　武『水平社の源像――部落・差別・解放・運動・組織・人間――』一九九九年、解放出版社。

荒木　謙『『破戒』のモデル大江礒吉の生涯』一九九六年、解放出版社。

飯倉照平編『柳田国男南方熊楠往復書簡集』一九七六年、平凡社。

井口時男『危機と闘争――大江健三郎と中上健次――』二〇〇四年、作品社。

池田次郎「解説」（『論集日本文化の起源』五〈日本人種論・言語学〉一九七三年、平凡社。

石田雄・三橋修『日本の社会科学と差別理論』一九九四年、明石書店。

岩本由輝『柳田國男――民俗学への模索――』一九八二年、柏書房。

上杉　聰「近世――近代部落史の連続面について――部落の「異民族起源説」と用語「特殊部落」発生の再検討――」（北崎豊二編著『明治維新と被差別民』二〇〇七年、解放出版社）。

魚住　昭『野中広務――差別と権力――』二〇〇四年、講談社。

内田龍史編著『部落問題と向きあう若者たち』二〇一四年、解放出版社。

大阪人権博物館編刊『「オール・ロマンス事件」再考』二〇〇二年。

沖浦和光〈思想の海へ　解放と変革一八〉『水平＝人の世に光あれ』一九九一年、社会評論社。

沖浦和光「解説」（高橋貞樹著（沖浦和光校注）『被差別部落一千年史』一九九二年、岩波文庫。

小熊英二『単一民族神話の起源――〈日本人〉の自画像の系譜――』一九九五年、新曜社。

小熊英二『〈日本人〉の境界――台湾・アイヌ・朝鮮 植民地支配から復帰運動まで――』一九九八年、新曜社。

解放出版社編『INTERVIEW（インタビュー）「部落出身」――一二人の今、そしてここから――』二〇〇三年、解放出版社。

角岡伸彦『被差別部落の青春』一九九九年、講談社。

角岡伸彦『はじめての部落問題』二〇〇五年、文春新書。

鹿野政直『日本近代化の思想』一九七二年、研究社。

鹿野政直『近代日本の民間学』一九八三年、岩波新書。

鹿野政直『鳥島は入っているか 歴史意識の現在と歴史学』一九八八年、岩波書店。のち、『鹿野政直著作集』第七巻、二〇〇八年、岩波書店。

鹿野政直「全国水平社創立の思想史的意味」（『部落解放』第三五一号、一九九三年一月）。

鹿野政直・藤田敬一「「人間と差別」をめぐる体験と思索から」（『こぺる』第一八七号、二〇〇八年一〇月）。

鎌田 慧『狭山事件――石川一雄、四十一年目の真実』二〇〇四年、草思社。

柄谷行人『坂口安吾と中上健次』一九九六年、太田出版。二〇〇六年、講談社文芸文庫に収録。

柄谷行人・渡部直己『中上健次と熊野』二〇〇〇年、太田出版。

川向秀武「解説」（全国解放教育研究会編『教育資料集成』第五巻、一九七九年、明治図書）。

菅 孝行「〈路地〉の背景に広がるもの」（『若松孝二 千年の愉楽』游学社、二〇一三年）。

『喜田貞吉著作集』全一四巻、一九七九～八二年、平凡社。〔喜田巻数〕と記す。

黒川みどり「地方改良運動下の部落改善政策――三重県の場合――」（部落解放研究所編『論集・近代部落問題』一九八六年、解放出版社）。

黒川みどり〈シリーズ日本近代からの問い①〉『異化と同化の間――被差別部落認識の軌跡――』一九九九年、青木書店。

黒川みどり『共同性の復権――大山郁夫研究――』二〇〇〇年、信山社。

黒川みどり『地域史のなかの部落問題――近代三重の場合――』二〇〇三年、解放出版社。

黒川みどりa「Ⅳ――1　部落差別における人種主義　「人種」から「民族」へ」（沖浦和光・寺木伸明・友永健三編著『アジアの身分制と差別』二〇〇四年、解放出版社）。

黒川みどりb『つくりかえられる徴――日本近代・被差別部落・マイノリティ――』二〇〇四年、解放出版社。

黒川みどり「人種主義と部落差別」（竹沢泰子編『人種概念の普遍性を問う――西洋的パラダイムを超えて――』二〇〇五年、人文書院）。

黒川みどり「差別のありようとそれへの向き合い――歴史学の視点から『破戒』を読む――」（『部落解放』第五六六号、二〇〇六年六月）。

黒川みどりa「千葉県の戦後被差別部落の生活と運動」（『千葉県史研究』第一七号、二〇〇九年二月）。

黒川みどりb「近代部落史研究のメタ・ヒストリー」（『静岡県近代史研究』第三四号、二〇〇九年一〇月）。

黒川みどり「被差別部落民の由緒の語り」（歴史学研究会編〈シリーズ歴史学の現在12〉『由緒の比較史』二〇一〇年、青木書店）。

黒川みどりa『描かれた被差別部落――映画の中の自画像と他者像――』二〇一一年、岩波書店。

黒川みどりb『近代部落史』二〇一一年、平凡社新書。

黒川みどり「「市民」になる／「市民」をつくる」（樋口映美・貴堂善之・日暮美奈子編『〈近代規範〉の社会史――都市・身体・国家――』、二〇一三年、彩流社）。

黒川みどり・藤野豊『差別の日本近現代史』二〇一五年、岩波現代全書。

国児学園『軌跡――三重県立国児学園九十年史――』一九九八年。

小島達雄「被差別部落の歴史的呼称をめぐって」（領家譲編著『日本近代化と部落問題』一九九六年、明石書店）。

小林健治『部落解放同盟「糾弾」史――メディアと差別表現――』二〇一五年、ちくま新書。

小森陽一「〔総説〕差別の感性」（小森陽一ほか編〈岩波講座近代日本の文化史四〉『感性の近代――一八七〇―一九一〇年代』二〇〇二年、岩波書店）。

小森陽一『レイシズム』二〇〇六年、岩波書店。

酒井直樹「レイシズム・スタディーズへの視座」（鵜飼哲ほか著『レイシズム・スタディーズ序説』二〇一二年、以文社）。

坂野徹a「人種・民族・日本人　戦前日本の人類学と人種概念」（竹沢編前掲『人種概念の普遍性を問う』二〇〇五年）。

坂野徹b『帝国日本と人類学者――一八八四―一九五二』二〇〇五年、勁草書房。

佐藤康智「『千年の愉楽』――オリュウノオバが見届けた六つの命の物語――」（『別冊太陽　没後二〇年中上健次』高澤修次監修、二〇一二年、平凡社）。

島崎藤村「山国の新平民」（『文庫』一九〇六年六月、『島崎藤村全集』第六巻、一九六七年、筑摩書房）。

関口　寛「初期水平運動と部落民アイデンティティ」（黒川みどり編著『〈眼差される者〉の近代――部落民・都市下層・ハンセン病・エスニシティ――』二〇〇七年、解放出版社）。

関口　寛「大正期の部落問題論と解放運動」（『歴史評論』第七六六号、二〇一四年月）。

高澤秀次『評伝中上健次』一九九八年、集英社。

高澤秀次「中上健次の軌跡――その生涯と作品」（前掲『別冊太陽　没後二〇年中上健次』二〇一二年）。

竹沢泰子「総論　人種概念の包括的理解に向けて」（竹沢編前掲書、二〇〇五年）。

ダーバン二〇〇一編『反人種主義・差別撤廃会議と日本』（『部落解放』増刊号・第五〇二号、解放出版社、二〇〇二年）。

手島一雄「報告／「国民融合論」の成立と近現代部落史研究」（『部落解放研究』第一九四号、二〇一二年三月）。

同志社大学人文科学研究所編『留岡幸助著作集』全三巻、一九七八～九年、同朋舎。〔同志社大学巻数〕と記す。

冨山一郎「国民の誕生と「日本人種」」(『思想』第八四五号、一九九四年一一月)。

友常　勉『脱構成的叛乱――吉本隆明、中上健次、ジャ・ジャンクー――』二〇一〇年、以文社。

友永健三「人種差別撤廃委員会による"descent"(世系・門地)に関する一般勧告の意義と課題」(『ヒューマンライツ』第一七五号、二〇〇二年一〇月)。

鳥居龍蔵『ある労学徒の手記――考古学とともに六十年――』一九五三年、朝日新聞社。

留岡幸助日記編集委員会『留岡幸助日記』全五巻、一九七九年、矯正協会。〔留岡日記巻数〕と略記。

永池健二「解説」(『柳田國男全集』第四巻、一九八九年、ちくま文庫)。

中上健次『中上健次全集』全一五巻、一九九五～六年、集英社。〔中上巻数〕と記す。

中上健次『中上健次発言集成』全六巻、第三文明社、一九九五～九年。〔中上集成巻数〕と記す。

中薗栄助『鳥居龍蔵伝――アジアを走破した人類学者――』一九九五年(のち岩波現代文庫、二〇〇五年)。

中根隆行『〈朝鮮〉表象の文化誌――近代日本と他者をめぐる知の植民地化――』新曜社、二〇〇四年。

中村福治『融和運動史研究』一九八八年、部落問題研究所。

奈良県同和事業史編纂委員会編『奈良県同和事業史』奈良県水平運動史研究会、一九七〇年。

野中広務・辛淑玉『差別と日本人』二〇〇九年、角川書店。

野間宏『狭山裁判』(上)(下)一九七六年、岩波新書。

原田伴彦ほか監修『近代部落史資料集成』第一巻、一九八四年、三一書房。本資料集成全一〇巻については、〔原田巻数〕と記す。

ひろたまさき『差別からみる日本の歴史』二〇〇八年、解放出版社。

藤井隆至「解説」(藤井隆至編『柳田國男農政論集』一九七五年、法政大学出版局)。

藤野　豊『同和政策の歴史』一九八四年、解放出版社。

藤野　豊「植木俊助・融和教育における「日本精神」」（解放教育史研究会編『被差別部落と教員』、一九八六年、明石書店）。

藤野豊・徳永高志・黒川みどり『米騒動と被差別部落』雄山閣、一九八八年。

藤野　豊「被差別部落」（『岩波講座日本通史　近代三』一九九四年、岩波書店）。

『部落解放』編集部「特集『週刊朝日』差別記事事件」（『部落解放』第六七六号、二〇一三年四月）。

部落問題研究所編刊〈戦後部落問題の研究〉第四巻『資料戦後部落解放運動史』一九七九年。

部落問題研究所編刊『北原泰作部落問題著作集』第一巻、一九八一年。

ボーダッシュ、マイケル（上田敦子・榊原理智訳）「ナショナリズムの病、衛生学という帝国」（『現代思想』一九九七年七月）。

ホバマン、ジョン（川島浩平訳）『アメリカのスポーツと人種――黒人身体能力の神話と現実――』二〇〇七年、明石書店。

牧原憲夫「万歳の誕生」（『思想』一九九四年一一月）。

牧原憲夫「巡行と祝祭日――明治初年の天皇と民衆」（〈日本の時代史二一〉松尾正人編『明治維新と文明開化』二〇〇四年、吉川弘文館）。

牧原憲夫〈シリーズ日本近現代史②〉『民権と憲法』二〇〇六年、岩波書店。

三重県警察本部『三重県警察史』第二巻、一九六五年。

宮崎学・小林健次『橋下徹現象と部落差別』二〇一二年、モナド新書。

モーリス＝スズキ、テッサ「グローバル化されるレイシズム」（前掲『レイシズム・スタディーズ序説』）。

守安敏司『中上健次論――熊野・路地・幻想――』二〇〇三年、解放出版社。

柳瀬勁介著（権藤震二補）『社会外の社会穢多非人』一九〇一年、大学館（部落問題資料文献叢書第七巻、部落問題論叢（一）に収録、一九七〇年、世界文庫）。

山路勝彦〈日本史リブレット六四〉『近代日本の海外学術調査』二〇〇六年、山川出版社。

山田史郎〈世界史リブレット九一〉『アメリカ史のなかの人種』二〇〇六年、山川出版社。

吉野作造編集代表『明治文化全集』第二〇巻〈文明開化篇〉一九二九年、日本評論社。

與那覇潤「「民族問題」の不在――あるいは「琉球処分」の歴史／人類学」（『文化人類学』七〇―四、二〇〇六年三月）。

のちに與那覇『翻訳の政治学――近代東アジア世界の形成と日琉関係の変容』（二〇〇九年、岩波書店）に所収。

若松孝二「生きることは不条理だから美しい」（『若松孝二　千年の愉楽』游学社、二〇一三年）。

和歌山の部落史編纂会編・一般社団法人和歌山人権研究所著『和歌山の部落史　通史編』二〇一五年、明石書店。

渡部徹・秋定嘉和編『部落問題・水平運動資料集成』第一～三巻、補一・二、一九七五～七八年、三一書房。〔渡部・秋定巻数〕と記す。

渡部直己『日本近代文学と〈差別〉』一九九四年、太田出版。

あとがき

本書執筆中に、本書のテーマに関わって、気にかかることが二件ほどあった。

一つはある公務員住宅町内会で配布されたビラの内容であり、私はそれを目にし、暗澹たる思いがした。そのビラは、その公務員住宅の隣接地に外国人留学生の寄宿舎建設が予定されている件で、その建築主に住民説明会開催をさせることになった旨を通知するために配布されたものであり、そこには次のように書かれていた。

> 現在の空き地では、宿舎に居住のお子さん達を中心に、親子で遊ばれている姿をよくお見かけしますが、建設工事が（中略）実施されますとお子さん達の遊び場所がなくなりますし、工事中の車両通行、作業員の出入り等の心配事や気になることが出てまいります。また、○○地区防犯協会の会合でも話題に上りましたが、外国人留学生の寄宿舎ということで、さまざまな国の留学生を受け入れることとなり、治安等不安がないのかと懸念されます。もちろん、最初から外国人留学生の方々を疑うものではありませんが……。（傍点——引用者）

ここには明らかに、「作業員」や「さまざまな国」すなわち欧米ではない主にアジア諸国からの留学生に対する治安上の不安が含意されている。それは、「異質」な存在ないしは「異端」に対する非寛容の態度にほかならず、「同質」社会の追求による全体主義の危険を孕むものである。〝人権〟が呼号されながら、それは「他者感覚」の涵養にはつながらない。

もう一つは、ある学会誌において「特殊部落」という言葉が筆者の文章として使用されたことであり、これについてはすでに私は、『差別の日本近現代史』（藤野豊と共著、二〇一五年、岩波現代全書）で言及したのでここでは繰り返さないつもりだった。しかしながら、ふたたび驚いたのは、私のその指摘に対して、「差別語糾弾をすすめる間違ったメッセージを送る不用意な記述であり、独断である。かつての差別語糾弾運動の横行した歴史から何も学ぶことはなかったのか、と思う」（尾川昌法「歴史の記憶と継承――戦後七〇年の「部落問題」――」・全国地域人権運動総連合『地域と人権』二〇一五年六月一五日）といった批判が浴びせられたことであった。私は、けっして批判者が念頭においているような旧来型の糾弾を慫慂したわけではなく、そもそもその私への批判が私の文意を正確に捉えているのかという点についても読者の判断を仰ぎたいが、これに代表される一連の批判は、〝問題にすること〟それ自体を否定する。それは、ほかならぬその言葉で傷ついてきた被差別当事者に泣き寝入りを強いることになりはしないだろうか。「特殊部落」の記述が、「悪意」ではなく「無知」から生じたものであったとしても、糾弾であれ、啓蒙であれ、そのあやまちを黙認するのではなく、指摘し改めていく努力が積み重ねられなければ、同じあやまちは繰り返される。

しかも、これほど人権の重要性が唱道されている今日にあっては、他のさまざまなマイノリティについて、同様の努力が求められ行われているにもかかわらず、なぜ部落問題のみが問題の存在を指摘することさえもことさら回避されるのか。その根底には、かつての部落解放運動の糾弾のあり方への忌避があるとしても、そのことと、今生じている問題を指摘することとはまったく別の話である。慰安婦問題や、アイヌ、沖縄などには「関心」を注ぐ人たちが、こと部落問題についてはしばしばそうした言動に与するのであり、部落問題は「解消論」と接合しながら、無知、無関心が許される「特殊」領域として機能しているようにみえる。部落問題は、けっして放置してすまされる問題ではない。

本書をまとめている過程で、たまたま授業準備の必要もあって、遠山茂樹『戦後の歴史学と歴史意識』（一九六八年、岩波書店）を読みかえす機会があり、一九五〇年代前半まではむしろ歴史研究者たちの政治意識が〝過剰〟であったことへの反省が、遠山自身の言葉でも述べられているのを目にした。〝過剰〟であることが引きおこした問題はもちろんあるにせよ、歴史学全般を見渡して、それに引き替え今は……と思わざるをえない。かつて部落問題研究も政治意識の旺盛な雰囲気のなかで進められてきた。しかし、部落問題研究には、その悪しき政治主義のみがはびこってしまった。

以下にあげるのは、「部落差別ネットで陰湿化　進む無関心と無知　教育現場　悩む指導法」との見出しのもとに記された記事で、今日の部落問題のありようの一端を的確にとらえているものの一つといえよう。

「今そんなにひどい差別ってありますかね。あまり聞いたことがないけど。」（中略）二〇代の教師の言葉に同和問題のベテラン教師たちの顔が曇った。講師を務めた同和地区出身の女性（二七）はたまらず反駁した。「差別がみえにくくなっただけで、なくなったわけじゃないんですよ」　学校では今「部落差別を最近に見聞きしたことがなくて教えづらい」と感じる教師が少なくない。福岡県筑豊地方の男性教師（三二）は「下手に教えると子どもが差別語を面白がって使うからと同和教育を避けたがる教師もいる」と打ち明けた。（中略）

障害者差別やいじめなどといった新たな人権課題が浮上し、同和教育もそうした課題の一つとみなされるようになるにつれ、市民の関心も低下。（中略）

差別と無関心が広がる一方で差別意識は根を張り続けている。「金に汚い」「目つきが違う」。ネットでは同和地区を名指しした根拠のない中傷が横行。（中略）

「差別を許す空気を感じる。」筑豊地区の同和地区出身者の男性（五七）は過激化するヘイトスピーチ（憎悪表現）も念頭に「直接被害を受けてなくても、矛先が自分に向かないとも限らない」と不安を募らせる。（『西日本新聞』二〇一五年八月一一日）

本論で取りあげたもの、そして私がこれまでにも論じてきた人種主義の言説について、地域の人びとの実態はそうしたものとはかけ離れているのであり、部落問題の実相を必ずしもとらえていないという批判も耳にする。むろん、私もかつて『地域史のなかの部落問題――近代三重の場合――』(黒川二〇〇三)でも論じたように、あるいは『四日市の部落史』(第三巻通史編、二〇〇〇年)などの編纂作業をつうじて明らかにしたように、いわゆる農村型の被差別部落では、同じ行政村にあって川や道一つ隔てて部落と部落外が区切られ、「風紀」や生活実態も少なくとも外観上ほとんど変わらないという地域が数多く存在してきたことも知っているつもりである。そしてその地域の被差別部落外住民たちも、そのことは十分に熟知しているのだ。だからこそ、日常においては、その地域に関わる行政担当者や教員たちから「ここでは何も差別はありません」と言わしめるほどに問題は顕在化しないにもかかわらず、こと結婚となると、部落外・部落内のそれぞれ双方で婚姻が成立していても、その境界を隔てての通婚は一切ないという場合が少なからずある。すなわち、可視化されていないからこそ、結婚といった場面において生得的とされる要因をつくり出して境界を保持しようとするのである。

私が中上健次に論及したのは、今回が初めてである。数年前にも成田龍一氏から、私の部落問題論には中上健次や井上光晴の世界が抜け落ちているとの批判をいただいたが、思い起こせば、すでに鹿野政直先生は、私が修士論文の構想に苦しんでいた際に、中上健次に目を向けることを促してくださった。卒業論文で「三重県における水平運動」を書いて水平運動史研究から出発し、そのときすでに差別意識の問題をなんとか研究対象として組み込みたいとあがいてはいたが、『紀州　木の国・根の国物語』をはじめ中上の代表的作品をいくつか読んではみたものの、当時の私にはとらえきることはできなかった。以来、中上のことはずっと気にかかっていながら、鹿野先生にいただいたアドバイスは活かせないままであった。今回もほんの入り口に立とうとしたにすぎないが、中上の描いた世界は、戦後の被差別部落を論じる際に避けて通れないものだと改めて思う。

駆け足で中上を論じて、中上本人は映画化された「千年の愉楽」のような読まれ方、観られ方でよかったのか、あるいは私が求めたような「部落問題」の本質を敢えて突きだすような読み方を求めていたのか、私は今もわからずにいる。私は、中上が存命であったなら、中上に問うてみたい。中上の存命中に、すでに私は部落史研究に取り組んでいたのであるが、その機会は逃した。しかし、ここまでまがりなりにも部落問題と向き合ってきた、その今だからこそ中上を改めて読もうという気になった。私の読み方に多々批判はあるかもしれないが、中上に共感しながら読めたのだという気がしている。

なお、中上健次については、同僚の近代日本文学研究者中村ともえ氏から貴重なご教示を得ることができた。

今年度前期に首都圏のある大学で行った近代部落史の授業の答案の採点をして、そこに書かれたいたことから、いくつか考えさせられた。

一年生の女性は、私の授業を受けて、自分の母親に、自分が被差別部落出身者と結婚することになったらどう思うかと、「気にしない」という答えを期待しながら尋ねてみたという。しかし、「あなたが自分で選んだ人ならば反対はしないと思うけれど……正直、部落についてよく知らないから分からない」との答えが返ってきてショックを受けたとのこと。その母は、高校生のときに自分の兄に部落について尋ねたが、「お前は知らなくていい」と言われ、そのことを母は「中途半端に教えてもよくないと思っていて兄は何もいわなかったんだなあ」と肯定的に回顧していたが、自分はそうではないと思うようになったという。「タブー視されることにより不可視化された」から今も部落問題が残っているのだと彼女はいう。彼女はヘイトスピーチも、それに重ねて憂える。「人権教育」のほとんどが「いじめ」の問題になっており、「もちろんいじめ問題も無視すべきないことだけれど、部落について教育することの意義が忘れられすぎていると思う」と結ぶ。

一年生の男性。「僕は小、中学校で年に一度くらい、部落についての授業を受けていた。そこで初めて部落という存在を知った。しかし、あまり詳しくは教えてもらえず、全くピントこなかった。よく理解することもできなかったし、自分の身の回りで体験できることではなかったので、理解する必要もないと思っていた。みんながそんな感じなら、自然消滅してしまって、それでいいのではないかと思っていた」。

その男性も、授業をとおして、部落問題をしっかり理解することの必要を認識するようになったと書いてくれた。特段、私の授業がよかったからというつもりはない。もちろん私の部落問題研究も、部落史の授業もそれなりに年季が入っているし、私も、当然のことだが、今回も受講者を見据えながら工夫を重ねて授業準備をして臨んだつもりではある。そうやって作り上げた部落史の講義を半期重ねていけば、少なからぬ学生は部落問題への理解を持ってくれるのではないか。歴史を通して——その詳細までは頭に残らなくとも——、差別がいかに愚かしいことかということ、そして部落問題を知ることの重要性に気づいてくれる学生が出てくるのではないか。今期に限らず、答案やレポートから垣間見られるそのような感想に接し、そういう学生が何人かでも生み出せれば、それが部落差別の壁を揺さぶっていくのであり——そしてそれは部落差別に限らない——、私にできるささやかな「運動」はそれに尽きるのではないかと思い——本務校ではそのような機会が得られないことが、何とももどかしく無念というに尽きるのであるが——、私は授業に臨んでいる。

そうであるならば近代的啓蒙についても、けっして希望を棄ててはならないと思うのである。

本書のテーマとなった人種主義については、二〇〇二年に、竹沢泰子氏が主宰しておられた京都大学人文科学研究所のプロジェクトで報告させていただいたのを機に、以後一〇年近くの間、研究会に参加し報告する機会をいただき、多くを学ばせていただいた。

また、それとほぼ同時期に、部落解放・人権研究所で友永健三氏が開催されていた「職業と世系に関するプロジェクト」にも参加させていただき、そこで学んだことも数多い。

本書をまとめることを有志舎社主の永滝稔氏にお約束したのは、二〇〇六年のことであった。その二、三年後にはできあがっているはずだったが、途中まで書いて頓挫してしまい、それからずいぶん年月が経過した。ふたたびお声がけいただいたのが二〇一四年暮れのことで、この八年余りの間のさまざまな状況の変化にもかかわらず機会を与えてくださった永滝氏のご厚意に応えるべく、続きの執筆に取り組んできた。この間に私の考えに大きな変化はないつもりであるが、第四章をはじめ、当初の時点なら書けなかったであろうことも多々含まれている。永滝氏は、入稿した私の原稿を読んで論旨を汲みとってくださった上で、即刻いくつかの重要なご指摘をくださった。

以下もこの本を執筆している途中の話である。ある県の人権啓発企業連絡会の講演を依頼され、同対審答申五〇年、部落地名総鑑事件四〇年に関わらせての内容を期待されていたので、当然にして私は、部落地名総鑑の存在が発覚するまでの就職差別がいかにきびしかったかは述べざるをえないと考えたし、その後についても、本書で論じたような具合に、「人権」と称して啓発に当たる人々のなかに存在している欺瞞をも暴く話になったのだと思う。部落地名総鑑事件を機に、その県で企業連絡会を立ち上げ今は顧問をされているという方から、終了後の懇親会の場の冒頭挨拶で「大変危ない話だった」と言われた。招かれた側から表立ってこうしたことを言われるのはあまり経験しないことだったが、そのあと、部落解放運動団体の方からそういう話をしてほしかったのだと密かにエールを送っていただいたので、私としては主催者に媚びない話ができたという点でよしとしたいと思った。本書も随所でそんな「危ない」議論をしているのだと思うが、それを刊行していただく永滝氏には、その点でも心からお礼を申し上げたい。

ほかにも個々にお名前をあげないが、今回も、本書の完成にいたるまでに同僚の山田智氏をはじめ、多くの方々にお世話になっている。

以上の方々に感謝申し上げる。

二〇一五年一〇月一二日

著　者

著者紹介
黒川みどり（くろかわ　みどり）
早稲田大学第一文学部日本史学専攻卒業　博士（文学）.
現在、静岡大学教授.
〔主要著書〕
『地域史のなかの部落問題――近代三重の場合――』（解放出版社、2003 年）.
『近現代部落史』（共編著、有志舎、2009 年）
『近代部落史――明治から現代まで――』（平凡社新書、2011 年）
『描かれた被差別部落――映画の中の自画像と他者像――』（岩波書店、2011 年）
『戦後知識人と民衆観』（共編著、影書房、2014 年）
『差別の日本近現代史』（共著、岩波現代全書、2015 年）
『評伝 竹内好――その思想と生涯――』（共著、有志舎、2020 年）
『被差別部落認識の歴史――異化と同化の間――』（岩波現代文庫、2021 年）
ほか.

創られた「人種」――部落差別と人種主義《レイシズム》――
2016 年 3 月 1 日　第 1 刷発行
2022 年 6 月 30 日　第 2 刷発行

著　者　黒川みどり
発行者　永 滝　稔
発行所　有限会社　有　志　舎
〒 166-0003　東京都杉並区高円寺南 4-19-2
クラブハウスビル 1 階
電話　03 (5929) 7350　FAX　03 (5929) 7352
http://yushisha.webnode.jp

ＤＴＰ　言 海 書 房
装　幀　折原カズヒロ
印　刷　中央精版印刷株式会社
製　本　中央精版印刷株式会社

ISBN978-4-908672-01-9